U0003853

LOCUS

LOCUS

LOCUS

LOCUS

mark

這個系列標記的是一些人、一些事件與活動。

mark 145
從彼山到此山
From Mountain to Mountain

作者：丁松青（Barry Martinson）
譯者：林紋沛
責任編輯：張雅涵
封面設計：林育鋒
校對：呂佳真
出版者：大塊文化出版股份有限公司
台北市10550南京東路四段25號11樓
www.locuspublishing.com
讀者服務專線：0800-006689
TEL：(02)87123898 FAX：(02)87123897
郵撥帳號：18955675　戶名：大塊文化出版股份有限公司
法律顧問：董安丹律師、顧慕堯律師

總經銷：大和書報圖書股份有限公司
地址：新北市新莊區五工五路2號
TEL：(02) 89902588　FAX：(02) 22901658
初版一刷：2018 年 12 月
初版二刷：2021 年 3 月
定價：新台幣 350 元
ISBN 978-986-213-943-1　　Printed in Taiwan

從彼山到此山

From Mountain to Mountain

從黎巴嫩的壯麗峽谷，到臺灣清泉的柔美山陵。

我的人生是從那一山到這一山的旅程。

丁松青 Barry Martinson 著

林紋沛 譯

目錄

第二部　此山

前言

這是一個關於家族、旅程、山岳的故事。故事起點是前往遙遠黎巴嫩山的旅行，追尋我未曾謀面的先祖家族；終點則在臺灣的群山之間，返回我沒有血緣的家人身邊，回到我服務的泰雅族清泉部落，我是這裡的教區神父。整趟旅程中，外公、外婆的故事和我自己的故事交織在一起，引導我，也支持我為臺灣原住民服務的生活。我相信祖先的靈魂仍然與我同在。本書主題就是我如何來到現在所在的這座山，以及伴隨旅程而來的喜悅和掙扎。

二〇一四年，我從臺灣前往黎巴嫩，試著尋找母親的祖先——外公、外婆早在一百多年前就從黎巴嫩移民美國。黎巴嫩朝聖之旅同時也是我向內探問的旅程。我成功找到了自己黎巴嫩人的身分，這個身分透過母親祖先的漫長譜系烙印在我的靈魂上。新結交的朋友和親戚都成為我身上重要的一部分，我會永遠加以珍惜。

外公、外婆的生命之旅和我自己的生命之旅有雷同之處。我也是移民——不過是從美國移民到臺灣——而且山岳在他們和我的生命中同樣意義重大。我的祖先起源中是否有什麼東西驅使我成為神父、來到臺灣傳教、在北臺灣的山間落腳？祖先的旅程和我自己的旅程有什麼關聯？這些都是我希望能解答的問題。

山可以代表很多意義。山通常表示高大的丘陵，但山也可以指橫在路上、阻礙旅程的難關。我生命中意義重大的地方，有好幾處都在山岳之巔：我成長的加州山丘、現在居住的清泉，還有我前去探索過往的黎巴嫩山。每座山都蘊藏有待探索的冒險和有待克服的障礙。不過，只要有山，往往也有路——帶領我們爬上山、到達山頂的途徑。我的人生是從一座山到另一座山的旅程，這一座座山——生命中的群山——由我的祖先起源相繫相連。

我在加州的成長過程中，除了拜訪爸爸在堪薩斯州的家人，或是拜訪媽媽在密西西比州的家人之外，基本上都因為距離遙遠，難以和這些親戚往來。那時候，我幾乎從來不曾想到遠在黎巴嫩的「老家」還有更多親戚。

事實上，在上高中以前，我很少思考自己的族裔。直到同學或老師開始根據「血統」把我們分類之後，我才開始思考自己屬於哪裡。那時學校裡沒有其他黎巴嫩人。十七歲以前，除了偶爾會在密西西比的親戚家裡吃到烤肉串[1]之外，我沒有機會嘗到黎巴嫩料理。我還清楚記得那一刻。那天，拉丁文老師邀我和另外幾個他的學生一起去黎巴嫩餐廳，老師說他希望我嘗嘗祖先的食物。那頓晚餐真是前所未有的體驗，食物彷彿直搗靈魂深處——那就是我的身分。吃到果仁蜜餅（baklava）的時候——這種甜點的作法是在層層餅皮中夾入堅果和糖漿——我還以為自己已經升天，到了天堂。

雖然我常常希望有朝一日可以走訪黎巴嫩，但又覺得這只是個夢想，而且永遠不會真正實現。媽媽曾經對我說，或許我會是我們家裡前往黎巴嫩追尋家族史的那個人——她說對了。但是，在我可以前往黎巴嫩、告訴她所見所聞以前，她已先一步過世。

1 譯註：烤肉串（shiskabob），中東傳統食物，將肉切成小塊串起來燒烤，傳統上多用羊肉，但也有牛肉、魚肉、雞肉的烤肉串。

否則，她一定會愛上黎巴嫩的。

心理學家認為，面對眼前生活中的事件，我們如何反應，緣由可以追溯至童年時期——甚至可以追溯到更早之前。我們就像一棵大樹的枝椏，根源上溯好幾世紀。我爬過的山和克服的障礙都呼應了類似經歷，不只呼應我自己小時候發生的事，或許也呼應外公外婆找到通往新天地的道路時所經歷的生活。

我孩提時代的興趣——不論是藝術或音樂——長大後仍然繼續發展，也成為我為他人服務時的重要元素。我從小遭遇的問題和困難，也如這些興趣一樣，在人生中扮演要角。在我漸漸成長的過程中，這些阻礙一再出現，而且依然揮之不去。幸好總有看得見和看不見的天使幫助我克服每次的難關，幫助我繼續旅程。

在這些困頓的時刻，有一位特別的天使始終在身邊支持我，尤其是在情況艱辛、甚至幾乎承受不起的時候。他從最初就在我身邊，我們一同成長。他先我一步成為耶穌會會士、成為神父、來到臺灣傳教，而我追隨他的腳步。如今他已不在人世，我渴望他的精神繼續引導我。不過，我知道他在彼方——在山的另一頭——我們有朝一日會再相見。

因此，我將本書獻給丁松筠神父（Fr. Jerry Martinson），我特別的天使——也是我的大哥傑瑞——紀念我們經歷的種種冒險：從我們的成長過程、為了成為神父而苦讀的日子、在臺灣的生活和工作，以及——真希望能有更多時間——我們原本有一天要一起再去黎巴嫩的旅行。願你安息，大哥。從你現在身處之所，看到的山景一定很壯觀吧。

第一部

彼山

1 貝魯特之旅

我坐在阿提哈德航空的飛機上，從窗邊的位子往外看，俯瞰黎巴嫩曲折的海岸線。岩岸和河口描出蔚藍海水的邊界，房舍三三兩兩散落，從海岸攀爬上遠方的山巒。眼前的黎巴嫩美麗又平靜，儘管之前內戰連年，近年又衝突不斷，但現在沒有戰事。此時是二〇一四年五月，這個國家正享有難得的和平時期。

準備降落時，我的內心因期待而狂跳不已。這麼多年來，我一直期待這趟旅行——幾乎是一生以來的企盼。我想起在密西西比的黎巴嫩阿姨和舅舅，回憶流過心頭：我們去拜訪他們的時候，他們總是溫暖好客；暑假時我們到農場幫外公撿雞蛋，或是在廚房看外婆煮出一道道黎巴嫩佳餚……往後的歲月我便一直對那些住在黎巴嫩、素未謀面的親戚感到好奇。現在我即將抵達此地——抵達母親祖先的故土。

飛機盤旋準備降落時，我瞥見貝魯特繁忙的港口。一百多年前，新婚的外公外婆就是從這裡搭船前往美國的嗎？我對他們在黎巴嫩的生活所知無幾——不論是他們的成長過程，或是他們決定前往新國度的原因——也不太清楚他們抵達美國之後做了什麼。我知道的大都來自三十多年前訪問外公時錄下的內容。

那是一九八〇年的夏天。阿公（Papa，我們這樣叫外公）九十多歲，身強體壯。那時候，除了一次疝氣手術之外，阿公從來沒住過院。阿公矮小精瘦，身體因為長年務農而強壯結實。他的英文始終不太好，但是仍然足以回答我的問題、敘述他的回憶，包括他在黎巴嫩的成長過程、航向美國的旅程，還有早年在密西西比的生活。

錄完訪問後，我把錄音帶[2]收錯了地方，以為它不見了，但多年後，在我需要時，錄音帶奇蹟現身——不過，我把錄音帶放進錄音機，試著播放時，磁帶卻從卡帶卷軸上掉了下來。

辛辛苦苦的把這卷老卡帶拼回原狀之後，我在B面發現了被我遺忘的另一次訪問，是我跟媽媽的姐姐——艾德琳（Adeline）阿姨——的訪問。動身到黎巴嫩之前，我把阿公和艾德琳阿姨的回憶寫下來；然後，巧得不得了，錄音帶又再次四分五裂。

我不是家族裡第一個造訪黎巴嫩的人，但是，因為黎巴嫩幾乎連年戰亂不斷，所以這樣的旅行十分少見。一九六四年，我的兩個表親曾經到黎巴嫩追尋家族根源。十年後，有個表姐帶著丈夫一起試著追溯祖先起源。他們成功前往黎巴嫩北部山區，並找到了阿公的故鄉安圖靈村（Aintourine）。他們回來之後，告訴我村裡兩個親戚的名字——瑪爾莎以及賽德·阿尼瑟（Marsha and Sayde Anisseh）。三十年來，我一直好好記著這兩個珍貴的姓名，希望有朝一日自己也能啟程前往黎巴嫩。這個夢想終於實現了。

飛機降落在貝魯特機場，機場不大，但相當現代化。移民關通關快速簡單，我因為拿美國護照，得到一個月的免費落地簽。機場裡只有少數西方觀光客，大部分的旅人看起來像是中產階級難民，逃離戰爭蹂躪的家園，來到更安全的黎巴嫩國土——至少目前依然安全。

2譯註：錄音帶，又稱卡帶（譯自英文 cassette），是以磁帶記錄聲音的裝置，主要流行於一九七〇年代初期至一九九〇年代晚期。因為磁帶可錄製兩組聲音，故錄音帶可翻面播放，一般將兩面分別稱為A面、B面。

在入境區，一位親切的計程車司機走近我，向我提供服務。我應該要接受他的好意，但我必須先換一些錢，所以便先搭電梯到機場上層的銀行。換好錢之後，我問銀行行員有沒有推薦的計程車服務，以為靠著客觀推薦可以拿到更優惠的車資，會比在入境區向我攬客的那位計程車司機更划算。

但這是個錯誤的決定。銀行行員從隔壁大廳帶來另一位計程車司機，然後我注意到剛剛遇到的第一位司機還在電梯旁邊等我。看到我帶著另一位司機時，他火冒三丈——不過不是衝著我，而是衝著新來的司機。

我不知所措的站在那裡，看兩人吵得不可開交。新來的司機年紀老得多，好像有一隻手臂摔斷了。我心想如果事態發展得更激烈，他會不會連另一隻手也折斷。第一位司機最後終於氣沖沖的離去，不過這是因為第二位司機給他一大把現金補償他（這筆補償金很可能都加進了我的車資）。

我開始體會為什麼黎巴嫩會打這麼多年的內戰。不過對我而言，這是個很好的教訓。下次我不會這麼挑剔計程車司機，或這麼計較從機場搭第一趟計程車的車資，因為不論開車的是誰，這趟車資都一定是最貴的一趟。

我事先訂好瑞吉斯飯店（Regis Hotel），這是我從 Agoda 線上訂房網所能找到地點最好、價格又合理的旅館。我們驅車前往旅館，穿過貝魯特擁擠的交通，計程車司機為我簡單介紹沿路經過的地區。

我了解到貝魯特基本上是個突出海洋的海岬，高聳的懸崖以及沙灘沿著海岸分布；城市的另一邊延伸至樹林茂密的山丘。貝魯特有將近兩百萬居民，再加上持續流入此地的敘利亞難民。這裡傳統上分成西貝魯特的穆斯林區和東貝魯特的基督徒區，不過自從戰爭開打以來，這些區分就不像以前那麼重要了。我選擇住在西貝魯特的旅館，因為我想離大海近一點。

我們逐漸接近美麗的濱海地區，我的心情也隨之更加雀躍，我終於第一次近距離看到地中海。棕櫚成行的步道沿著海岸線延伸，這條步道稱為濱海大道（Corniche），綿延將近五公里。我的旅館離濱海大道的起點只有幾步之遙。我下了計程車，走進旅館；海平面上，午後的陽光正逐漸轉成金黃色，夜晚即將降臨。

老瑞吉斯見證了黎巴嫩十五年來內戰的蹂躪（內戰結束於一九九〇年），是這一區少數歷經內戰仍然碩果僅存的飯店。我注意到這一帶仍在重建中，旁邊一座尚未完工的高聳摩天大樓，讓瑞吉斯飯店顯得嬌小無比。與其說瑞吉斯是間真正的飯店，不如說它更像家常的民宿，讓我感到非常自在。旅館瀰漫一股家庭氛圍，還有一位溫暖又周到的經理。

一開始，我最想做的事是立刻出門觀光，或至少到濱海大道走走。但經過機上無眠的一夜，我累到動彈不得，只能上床睡覺。因此，依依不捨的向窗外落日長長望去最後一眼之後，我就倒頭大睡，睡了大概十小時才醒。醒來時是星期四清晨。

一大早，瑞吉斯飯店大廳冷冷清清，彷彿久無人居，前門依然鎖著，因此我開始思索該如何出門，以便來趟清晨漫步。我發現有另一位旅人也在尋找出口，我們很快找到側門，從側門溜進後面的巷子；於是我們倆一起散步，在涼爽的朝陽下沿濱海大道前行。

和我一起散步的同伴是位又高又瘦的年輕醫生，來自密蘇里州，名叫林肯。林肯只在黎巴嫩待幾天，稍後就要前往埃及。我接下來在黎巴嫩共待了兩週，這兩週竟只遇到林肯一位美國觀光客。走著走著，我們經過幾位漁夫身邊，只見他們勇敢的爬上岸邊滿布青苔的岩石，拋出釣線；還看到幾位晨泳的泳客以及做日光浴的人。我們從靠近市中心的聖喬治灣遊艇俱樂部出發，一直走到知名的白鴿岩（Pigeon Rocks）那裡，走了大約四十分鐘；白鴿岩從貝魯特高雅的勞切爾（Raouché）海岸突出海面。

林肯指著濱海大道對面山丘上的房子，他聽說一間房子至少都要四百萬美元；他再補充，即使是貝魯特郊區的公寓大樓也值一百萬美元。貝魯特這個城市顯然寸土寸金，我們都覺得能找到像瑞吉斯飯店這樣的地方真是幸運，不只房價低廉，位置又很方便。

我們走到白鴿岩附近——這是貝魯特海岸的代表地標——然後在路邊一間小咖啡店停下來吃點早餐。我們一邊享用果仁蜜餅、喝葡萄冰沙，一邊欣賞海岸邊這兩座巨大白色石灰岩的奇形異狀，試著分辨它們看起來到底像不像鴿子。

我們從白鴿岩這裡轉向內陸，走進貝魯特的哈姆拉區（Hamra），這是靠近美國大學的熱鬧商業區。林肯走過這條路線，因此是位好嚮導。我們在大學大門得到穿越校園的許可，操場居高臨下俯瞰大海。美國大學相當氣派，由基督教傳教士設立於十九世紀，被公認為黎巴嫩最頂尖的大學。校內綠意盎然，有著綠草如茵的小山丘，向山下的濱海大道延伸而去。

散步兩小時之後，我們繞回瑞吉斯，林肯準備好往機場出發，我和他道別。接著我遇到了旅館的櫃檯人員阿拉丁，他邀我再享用第二頓早餐。旅館的房租不含餐費，不過阿拉丁似乎不在意這點，他開心的向大廳每個人提供免費的食物和飲料。早餐包括一片美味的扁麵包，上面塗著優格起司，[3]還有一杯香濃的黎巴嫩咖啡。

阿拉丁個子高䠷，皮膚白皙，是來自敘利亞阿勒坡（Aleppo）的難民，過去一年來大多數時間都在瑞吉斯飯店工作。他的家園毀於敘利亞內戰——事實上整座村莊都毀於戰亂。阿拉丁的家人在戰爭爆發前就搬走了，因此能夠安然無恙的住在伊斯坦堡。他覺得可惜的是，家裡遭到轟炸時，他的電腦也付之一炬，不過他說一旦和平重新降臨，他就要重建家園。他讓我看蘋果手機裡阿勒坡的照片，還有他家炸毀之前的照片，當時一切皆無比祥和。

瑞吉斯飯店大廳本身就是個有趣的地方。大廳的電視永遠開著，通常都轉到黎巴嫩當地的ＭＴＶ音樂頻道。磨痕累累的沙發被幾個敘利亞年輕人盤據，他們或者喝咖啡、閒聊，或者滑手機。多數人或許就像阿拉丁一樣，也是難民，不過在找工作或等待前往下一個國度之際，還負擔得起住旅館的費用。

三不五時就會有黎巴嫩軍人前來盤查敘利亞旅客，或許是出於安全考量。我很想在大廳待久一點，和敘利亞人聊聊天，但又迫不及待想再多探索貝魯特。方才清晨迷人的散步正好挑起我的胃口，讓我想再多四處看看。

稍事休息之後，我再次踏上一早和林肯散步的部分路線。此時濱海大道上的人更多了，天空明亮蔚藍，陽光開始散發熱力。

我在哈姆拉區的幾間書店停下腳步，買了一張黎巴嫩地圖和一本關於現代貝魯特的小說，接著在哈姆拉一間高級餐廳用餐，坐在餐廳中庭，點了完整的黎巴嫩套餐（之後大都只吃些點心）。服務生問我這是不是我第一次到貝魯特，我說沒錯，而且隔天我就要動身去尋找素未謀面的親戚。聽到我的話，服務生臉上露出驚訝的表情，他指著自己的手說：「你看，聽你這麼說，我都起了雞皮疙瘩——聽起來實在太棒了！」

下午，我繼續探索哈姆拉區，發現一間羅馬天主教教堂，進教堂簡單參觀，還看見幾間有意思的店。黎巴嫩內戰對哈姆拉區的破壞不像市中心那麼嚴重。事實上，正

3 譯註：優格起司（labneh）是將優格再過濾後製成的起司，口感介於優格和起司之間，味道清爽。

因為大部分轟炸都落在市中心，所以人們才湧向哈姆拉區；哈姆拉區現在成了時髦的去處。哈姆拉區僅有的困苦跡象來自敘利亞難民，他們大都是黑衣婦女，坐在人行道上乞討，或者是衣衫襤褸的孩子，等著為路人擦鞋。自從敘利亞內戰開打以來，貝魯特的人口增加了一倍。就黎巴嫩而言，現在全國八百萬人當中，每四人就有一人是難民——大部分是敘利亞人，但也有五十萬的巴勒斯坦人。

我很喜歡貝魯特。貝魯特既精巧又國際化，有來自中東形形色色的人，還有一些西方人。由於曾經受到法國統治多年，這裡還有一股優雅的歐洲氛圍。[4] 儘管如此，幾乎所有標誌都寫英文，幾乎每個我遇到的人也都好像至少能講幾句英文。有幾條街上有軍人站崗，不過他們相當友善，我偶爾會向軍人問路。我始終覺得很安全。

夜色即將降臨時，我走過旅館附近的港口，看到一座綠草如茵的小山丘，以前或許是遭到轟炸的市區的一部分；市區尚未全面重建完成。在涼爽的微風中，草原逐漸布滿居民，他們帶狗來遊戲、運動；暮色讓草原看來如此超現實。我盯著狗狗看了好久，其中一隻狗——一隻黃金獵犬——跑過來跳到我身上；我有一隻黃金獵犬也老是這樣。我開始想念我的狗了。

瑞吉斯飯店附近的濱海大道是貝魯特沿岸數一數二熱鬧的地方。天色終於暗下來時（將近晚上九點），路燈沿著濱海大道亮起，主廣場上充滿了跳街舞的人、騎腳踏車的人，還有路邊的攤販；人們坐在長椅上眺望大海，或是單純漫步。儘管廣場上有各種活動，但這裡卻瀰漫著一股安靜、非商業化的氣息。你就是會想待在那裡好好靜一靜。

回到旅館後，我向阿拉丁詢問隔天前往黎巴嫩北部的最佳方法，以達成此行的主要目的，也就是試著找到親戚。

阿拉丁建議我預約前往卜夏里（Bsharri，又寫作 Bcharre）的旅遊行程，卜夏里是離阿公老家安圖靈村不遠的一個知名小鎮。不過薩米——他是比阿拉丁年長的黎巴嫩人，也是阿拉丁的主管兼旅館老闆——提醒我，雖然利用旅遊行程前往卜夏里只要

4 譯註：一五一六年至一五一七年，黎巴嫩被併入鄂圖曼土耳其帝國，歷經帝國四百年的統治。第一次世界大戰（一九一四—一九一八）後，鄂圖曼土耳其帝國因戰敗而分裂，黎巴嫩遂於一九二〇年起由法國接管，至一九四三年獨立為黎巴嫩共和國。

花幾個小時，但我可能會是唯一一名遊客，為這天租車、請導遊的花費將會相當可觀。一聽他提到也有直達卜夏里的客運巴士，且車資僅需幾美元，我立刻決定採用這個方案。

隔天一早，我把行李收拾好，退了房。阿拉丁叫了輛計程車送我到貝魯特郊區，這裡每小時會發一班前往卜夏里的巴士。

巴士不大，顏色蒼白，大約坐得下二十名乘客。我排在隊伍最前面，把行李在巴士後面放好之後，就爬到司機旁邊的座位，面前是一大片窗戶，視野開闊無阻。於是我們出發了——踏上我畢生期待的旅程。

2 黎巴嫩山

我們大概花了半小時，才擺脫貝魯特以北公路的繁忙交通。巴士開過港口城市朱尼耶（Jounieh，也是旅遊重鎮）之後，車子少多了，舉目所及，大都是蔚藍的地中海海岸線。又過了半小時，我看到旁邊的路牌寫著卜夏里和雪松林（The Cedars），內心雀躍不已。巴士急轉彎，朝左邊的高聳山區前進。

根據母親的說法，外婆——我們叫她阿嬤（Mama）——說她出生的地方離「雪松林」不遠。阿嬤說的一定是黎巴嫩名聞遐邇的雪松林，雪松也是這個國家的象徵。雖然不確定阿嬤的故鄉到底是哪個村子，但我知道就在雪松林附近。至於外公，我確定外公出生於安圖靈村，離卜夏里和雪松林都不遠。

巴士轉彎開往山區之後，景色大幅改變。大家說黎巴嫩全是山岳跟海岸，一年當中有幾個時節，人們可以既到山裡滑雪、又到海邊游泳——都在同一天內進行。我們前往的山區是黎巴嫩最高聳、最知名的山區之一，車行至此已走了一半路程。

我們沿著陡峭的山路穿過崎嶇山谷，谷地種植著橄欖樹和果樹；前進的同時，兩旁開始出現小鎮，鎮上的房屋以岩石鑿成，覆上紅瓦屋頂。山變得越來越險峻，山間谷地也更加深邃。道路兩旁，雪松和松樹林立，背光的石屋閃耀著金黃。

我們的巴士衝上蜿蜒的山丘，沿髮夾彎急轉，路旁沒有護欄，險象環生。這趟車程真是瘋狂又刺激。

我們經過的每座村子都有幾間教堂，顯然進入了以天主教為主要信仰的地區。這裡是黎巴嫩天主教馬龍尼禮教會（Maronite，俗稱馬龍派）的大本營，這片古老的大地擁有悠久的基督信仰傳統，幾乎可以上溯到耶穌的時代。我已經可以感到體內湧出了身為半個黎巴嫩人的某種驕傲。

不久之後，我們走的路沿懸崖而行，懸崖幾乎垂直於底下廣闊、深不見底的山谷。巨大的岩石就像它們蓋成的房子一樣金光閃閃，從河谷上突出地面，河谷陡峭得不可思議。坐在前排座位，我可以看見這幅壯觀的奇景在面前展開。看著沿路的標誌，頭幾乎要暈了：一千公尺、一千兩百公尺、一千三百公尺……我問司機我們身在何處。司機大喊：「卡迪沙！」在轉完一個可怕的彎道後，司機一邊在空中揮舞雙手、一邊高喊：「神聖之谷！」

我在出發前曾經稍微對卡迪沙峽谷（Qadisha Valley）做了一點功課，但網路沒有幫我做好心理準備，讓我能平心面對眼前宏偉神聖空間的大銀幕實景。卡迪沙大峽谷不只是自然奇景，也是精神的避難所，曾經照看無數僧侶、隱士、聖人，讓他們在此地安靜深邃的慰藉中尋求安寧與庇護。紫花、黃花妝點著山丘，這個時節，春天綻放的眾多野花為卡迪沙峽谷更添一分美麗。

卡迪沙河谷綿延數英里，最後終止於卜夏里鎮附近，卜夏里也是我們的終點，道路由此盤旋至峽谷另一側。巴士靠近卜夏里下方的山坡時，我看見了極不尋常的景象：路邊一間大餐廳的招牌用紅字大大寫著「密西西比」。我好奇餐廳主人是否知道我的外公外婆在離開黎巴嫩之後定居於密西西比州。

阿公阿嬤在這裡——這個神聖之谷——長大是什麼感覺呢？啟程前往黎巴嫩之前，我曾試著盡量多瞭解這個山區。我讀到的資料說，這裡的居民是驕傲好客又虔誠英勇的一群人。據說崎嶇山區的險惡環境在塑造居民性格上推了一把：居民必須對抗冬天的風雪，也要抵禦外來入侵者。

阿公阿嬤的祖先過去一定在這片土地上辛勤勞動吧，他們牧養羊群，種麥植棉，生產絲帛、葡萄酒、橄欖油。我可以想見，從山上沿路鑿來的粉色、金色岩石不只用來建造房屋，也用來鋪築村子懸崖的梯坪，以開闢花園、果園和田地——真是艱巨的任務。

前往卜夏里的一路上，巴士沿路讓乘客上上下下。路上沒有站牌，所以大家可以在路線上的任何地方上車或下車。等到我們終於從密西西比餐廳旁上了山丘停車，準備進入卜夏里鎮時，只剩下我一位乘客。

司機問我想在哪裡下車，我回答皇宮飯店（Palace Hotel），因為我事先在網路上查過這家飯店。因此司機在皇宮飯店放我下車，我付了五元車資。沒想到皇宮飯店正好位於小鎮中心，絕對是最佳選擇。事實上，這是鎮上唯一一家飯店，所以也沒有太多其他選擇。不過，還是有一些更高級的飯店（主要接待滑雪旅客和夏季度假遊客），就在鎮郊而已，比較靠近雪松林。

我終於抵達卜夏里，這裡離我祖先的家園已經不遠。

3 先知

入住皇宮飯店之後，我到外面四處走走，看看周遭環境。飯店左邊就是高大的聖薩巴大教堂（Basilica of St Saba），據說是黎巴嫩最大的馬龍派教堂。教堂的紅色圓頂在小鎮上卓然獨立，儼然是全區焦點。

聖薩巴大教堂對面有一間佔地頗廣的露天咖啡廳，叫作B廣場，從咖啡廳的山丘再往上走，會看到路標，指向二十世紀偉大詩人和藝術家——卡里．紀伯倫（Kahlil Gibran）——的出生地，紀伯倫也是卜夏里出身中最知名的人物。

正是因為紀伯倫的緣故，多年來我一直想造訪卜夏里。紀伯倫是我在藝術和詩歌上的「靈魂兄長」，我常常覺得他或許也是我失散多年的親人。

我在四十多年前初次發掘紀伯倫的作品，那時有人送了我一本《先知》（*The*

Prophet），這是紀伯倫最知名的著作。之後我也讀了他的其餘作品，不過最讓我感興趣的是他的繪畫和書中插圖。我重新演繹了其中一些人物，它們最終都成為我在臺灣教堂牆上的裝飾。

初次踏進紀伯倫樸實的小屋時，我覺得此地簡直有種神秘的氣息。紀伯倫生於一八八三年，和外公出生的年代相同。兩人的道路是否曾經交會呢？雖然附近空無一人，但我想像紀伯倫就在我身邊。紀伯倫曾經和家人一起住在這個別無長物的居所，直到五歲大時才和母親、手足一起搬到波士頓。

儘管紀伯倫在波士頓只是個窮小子，但他用優異卓越的繪畫擄獲了藝術界菁英的心。回黎巴嫩完成學業後，他再次返回波士頓，遇見了畢生的摯友和伯樂——瑪莉・哈斯克爾（Mary Haskell），紀伯倫後來到巴黎鑽研藝術，就是靠哈斯克爾的贊助和支持。紀伯倫最後落腳在紐約的工作室，作畫、著書，用阿拉伯文也用英文寫作。《先知》成為他的傑作，翻譯成多種語言。就像他的其餘作品一樣，《先知》沒有任何教條，只有普世的精神性以及充滿愛的人文主義。紀伯倫卒於一九三一年，葬在遠處山上的一間古老隱修院，俯瞰聖谷；這間隱修院就是我的下個目的地。

沿著大街向下，再爬上陡坡走到紀伯倫博物館，這段路只要花二十分鐘；博物館也是紀伯倫長眠之處。從這裡放眼欣賞卡迪沙峽谷，可以看到巨大的岩石突出於長滿冷杉的懸崖，令人嘆為觀止。上方是黎巴嫩山的巍巍山脊，現在光禿禿一片，但冬天無疑會覆滿白雪。博物館前的小徑兩側種著玫瑰，山坡上鋪滿大片黃色野花。

博物館本身彷彿嵌入山的岩壁之中，不過仔細看，可以看出建築物是用精細鑿下的金色岩石蓋成。博物館的前身是隱修院，紀伯倫的妹妹瑪麗雅娜（Mariana）遵照哥哥的遺願，將他的遺體帶回此處安葬。多年後，隱修院變成博物館，收藏紀伯倫的數百幅畫作、藏書及個人物品。

我買博物館門票時已經接近閉館時間，所以館員說我可以改天再免費入場一次。我的時間只夠迅速參觀小小博物館的三層樓，然後再前往地窖，在紀伯倫墓前禱告。這真是動人的經驗：除了大廳的館員之外，就只有我和紀伯倫，博物館裡只有我們。

紀伯倫的畫作充滿深深的靈性，極為純淨又神秘。在他作畫的二十世紀初，象徵藝術遠比今天要廣受歡迎。雖然紀伯倫畫的人物多是裸體，但他的藝術並不煽情。相反的，就像米開朗基羅一樣，紀伯倫也用人體當作通往神的道路——在人類的形體中找到神性。

讓我印象最深刻的是紀伯倫的墓。博物館地下的狹小石室裡重現了紀伯倫畫室的陳設，掛著他的幾幅畫作和名言，營造出紀伯倫獨特的存在感，空白牆面投影出紀伯倫親筆為自己寫下的墓誌銘，更強化了這種感覺：

「我就像你一樣活著，且此刻就站在你身邊。閉上雙眼，看看四周。你會看見我就在你面前。」

我暫時閉上雙眼，張開眼睛時，紀伯倫的話語消失了，取而代之的是映在牆上的神秘身影——卡里．紀伯倫的剪影，彷彿他還活著。這當然是投影的幻象，但我卻覺得非常真實。

閉館前我一直待在這裡，和紀伯倫單獨待在這個房間，祈求這位偉大的詩人和藝術家能賜予我一點他的藝術精神和智慧。

我知道他就在這裡，親愛的卡里，我也知道這些年來他一直在等我造訪，就像我也在等待他一樣——等待這位神聖、親愛的黎巴嫩先知（或許也是我的親人）從聖谷而來。

離開紀伯倫博物館時，精神有點恍恍惚惚，我往下繼續走到密西西比大餐廳，就是上山時從巴士上看到的那間。不過餐廳看來還沒開門，所以我向上折回鎮中心，在小咖啡店吃了一點鷹嘴豆泥和扁麵包。我在路上注意到有面牆鑲著紀伯倫的幾句語錄，阿拉伯文和英文並列。其中一句名言是：「卜夏里是我心之所居。」我漸漸明白原因了。

傍晚時分有點涼意。這天早上在貝魯特，天氣已經稍微轉涼，而我這時也有些感冒徵兆了。我吃了一點帶在身上的藥，晚上到外面散步，沿著幾乎杳無人煙的卜夏里大街前進。

下方聖谷白雲滾滾，就像從峽谷裊裊上升的白煙，持續升起，直到在兩大山脊之間形成廣闊的雲霧之海。回到旅館前，整座小鎮都已籠罩在這脫俗而虛無縹緲的同一片白紗之下，此情此景讓我想起紀伯倫《先知》裡的一段話：

「而我並非不像霧靄。在黑夜的寂靜之中，我曾走過你們的街道，我的靈魂曾進入你們屋裡。你們的心跳就在我心中，你們的呼吸吹拂我的臉龐，而我知曉你們所有人。」

4 外公的家人

隔天早上，我的感冒惡化了；驟然變冷的山區空氣顯然讓病情雪上加霜。我掙扎著該在這天前往附近的安圖靈村，還是過一陣子，等我好一點再去。不過，這天是星期六，而我覺得週末會是尋找親戚的最佳時機。因為我非常急著想見到親戚，所以我又吞下更多藥，接著就出發去找計程車。

我沒費太多工夫就找到了計程車司機東尼。東尼是個中年人，矮矮胖胖，留著濃密的灰色小鬍子，他和幾個計程車司機在聖薩巴大教堂前的廣場閒聊，等客人上門。觀光旺季還沒開始，所以我走近廣場時，一陣「搭計程車嗎？」的合聲朝我招呼而來。

謹記在機場學到的寶貴計程車教訓，我走向第一位遇到的司機，也就是東尼。我跟東尼說我想去安圖靈找親戚，他看似欣然的接下這個幫忙找親戚的挑戰。我們從卜夏里出發，東尼輕鬆開過高聳懸崖道路上的急轉彎；二十分鐘後，我們便來到通往安圖靈的岔路口。接著他慢慢開下一條狹窄的小路，直到我們看見幾位村民出現在房屋前。

東尼問村民知不知道賽德或瑪爾莎．阿尼瑟，我只知道這兩個外公親戚的名字。村民說賽德已經過世了，瑪爾莎不在村裡，聽到這個消息，東尼好像有點失落。不過，村民指著再過去的路，說那裡還有一些阿尼瑟家的人，東尼一聽又振奮起來。

在小路盡頭，我看到一個結實的年輕人，身穿亮藍色襯衫，在一間大石屋附近騎腳踏車。某種預感告訴我他就是我的親戚，我有這種感覺。

東尼停下車來詢問，他果然是阿尼瑟家的人沒錯。我跳下計程車，向他自我介紹；短短幾分鐘，我們就知道這位年輕人叫艾利（Elie），是外伯公安東尼奧（Antonios）的外曾孫。

艾利對我露出燦爛的笑容，跟我說：「歡迎你，表舅！」彷彿他一直在等我前來。我的追尋就這樣告一段落。

艾利把在屋裡的媽媽尤拉（Yolla）叫來，尤拉走出來看到我的時候，艾利告訴她這是她從美國來的表哥。尤拉歡迎我的方式是在我的兩頰輪流親三下，艾利說這是他們的習俗。

尤拉個子嬌小，有點瘦削，戴著跟我一樣的黑框眼鏡。她跟艾利說我有一雙「阿尼琵家的眼睛」（我好奇她指的是眼鏡，還是真的是說我的眼睛）。可惜尤拉不太會講英文，所以艾利要幫忙翻譯，不過艾利知道很多祖先的事，也清楚他的祖先和我外公這邊的關係。

一切發生得自然而然，我們的初次相遇就像碰見街道對面的鄰居：只不過這次跨越了半個地球。我們可以說一見如故。

外甥艾利今年二十五歲，是運動型的，喜歡踢足球，在山下的沿海城鎮朱尼耶從事資訊業的工作。他只有週末才回家，所以我選星期六來訪真是太對了。

艾利帶我參觀家裡，他說這房子非常古老。屋裡整齊乾淨，擺設不多，石砌的牆壁散發溫暖的感覺。對我而言，客廳最特別的地方是中間的燒柴火爐。

火爐底部圍了一圈鐵片，用來保護旁邊的地毯。又細又長的煙囪從火爐直接伸出，連到天花板中間。火爐上有爐頭，所以如果家裡想開伙也沒問題，同時可以用爐火取暖。

艾利告訴我他們家一年四季都待在安圖靈，不像其他家庭大都會在寒冷的冬季搬到海邊。

我遇見了艾利的爸爸米歇爾（Michel），他剛從家裡的花園忙完進來。他的年紀和我差不多，滿頭銀白的頭髮，身形修長但結實。他和尤拉一樣，也不太會講英文。艾利告訴我他們本來有四個孩子，但其他三個孩子生下來都有缺陷，不久就夭折了，只剩艾利順利長大。

我們吃了一些點心，熱絡討論親戚關係，司機東尼也加入我們，彷彿他也是家族一分子；之後東尼問我想要留下來，還是希望他載我回卜夏里。我當然希望在安圖靈再待久一點，所以東尼便先行離開，說如果我要搭車回卜夏里，儘管打電話給他。

接著，艾利帶我參觀村子，這真是難忘的體驗——不只是因為安圖靈是阿公出生長大的地方，也是因為「這裡是山谷最美的村莊」，一如艾利所言。

安圖靈位於科札雅（Qozhaya）峽谷高聳崎嶇的山脈上，是卡迪沙峽谷西北方特別鬼斧神工的地區，此處山壁陡然驟降至數百公尺下的河床，壯觀的景象簡直無法訴諸文字或圖像。艾利告訴我科札雅的意思是「生命的寶藏」，那天和他一起走在村莊小徑上的感覺，無疑是經歷了人生的珍寶。

艾利先帶我到村裡的教堂，教堂離他們家只有幾公尺遠，目前沒有常駐神父，由艾利的媽媽尤拉負責管理。尤拉去附近的花園摘了幾朵紅玫瑰，然後開門讓我們進去。這裡應該就是阿公受洗的教堂，門上的牌子說明教堂建於一八五八年，命名為聖母升天教堂。巨大的金色岩石鋪設成牆壁和殿堂的地基，祭臺後方的牆上裝飾著聖母升天的精美繪畫。

安圖靈真是個可愛的村子：村裡的屋舍只用幾條小路彼此聯絡，到處充滿果園和葡萄藤，還有野花和常綠植物。路上沒有車子，所以在小徑散步格外宜人。有些屋子看來十分古老，有些則是新建築；所有房子似乎都能渾然融入周遭的自然環境。

我們一邊散步，艾利一邊聊起家族史和安圖靈子民，我可以聽出他非常以自己的村子和祖先為榮。只不過片刻時間，我好像從對黎巴嫩祖先幾乎一無所知的狀態，勉強算是成了專家。

我得知外公的哥哥姐姐大都從黎巴嫩移民到了其他國度，像是澳洲、美國還有南美洲國家，有些人甚至在阿公出生前就已遠走他鄉。少數人多年後榮歸故里，能夠用海外賺來的錢改善生活品質。

我們站在懸崖上，俯瞰遼闊的山谷，接著艾利問我想不想看看另一座位於峽谷更深處的小教堂。於是我們走下相當狹窄的階梯，不久就抵達一座彷彿隱修院般與世隔絕的小教堂。小教堂蓋成圓頂的形狀，艾利說這間古老的小教堂只在一年一度的聖母升天節使用。考慮到這裡不容易抵達，我可以理解為什麼一年只用一次。

艾利要我沿路當心腳步，因為我們有個表親就是在像這樣的教堂失足摔死。那位表親是年輕的馬龍派弟兄，叫作布特羅斯（Boutros），是阿公的姪子。艾利說這類意外很容易發生，因為很多教堂都蓋在高聳懸崖的邊緣，就像我們現在所在的教堂，教堂旁邊幾乎垂直下降數百公尺，直達下方谷地。

回程路上，艾利輕而易舉的跳上一級級狹窄階梯，但我必須停下來休息，每隔一陣子就氣喘吁吁。我感到感冒在發威，或許海拔高也有影響。

我們從這裡再走一小段路，去看一幢漂亮的兩層樓房屋，房屋建在阿公送給姪孫巴韋（Badwe）的土地上。巴韋是住在澳洲的生意人，艾利說大家都知道這個故事：

包括巴韋怎麼千里迢迢的從澳洲到密西西比去找阿公，還有阿公多喜歡他，把自己還留在安圖靈的土地都送給他——搞不好阿公都不知道自己擁有這筆土地。艾利說他們家很感激阿公這麼慷慨大方；我覺得他也一樣感激身為阿公外孫的我。

艾利告訴我土地所有權轉移的程序可能非常複雜。黎巴嫩土地法規定，一筆土地即使只有部分由他人持有，要使用整筆土地前，仍必須先獲得該所有權人解除權利的表格，或是向他購買這部分的土地。安圖靈這塊家族土地有許多區域分屬不同人所有。巴韋在使用這塊地以前，必須一一獲得大家同意。

我們到的時候房子空無一人。巴韋顯然希望孩子可以搬過來，但他們好像還是住在澳洲的家。巴韋自己後來在車禍中喪生，所以從來沒有機會住進這幢房子。現在，房子只在夏季有人使用，住的可能是家族成員或度假遊客。

高大的房子鋪著黃色瓷磚，矗立在懸崖邊緣。從陽臺看出去，幾乎可以一眼望穿下方深邃的科札雅峽谷，美得令人屏息——艾利說「這是全村最棒的景色」。

接下來終於該去阿公真正的家了——原本的家園，阿尼瑟祖屋，也是阿公出生的地方。阿尼瑟祖屋蓋在山坡上，用閃耀金色光澤的岩石仔細築成，一道長長的樓梯通往大門。房屋有兩層，一層在地面上，另一層只能從屋內走下去。前門上方掛著一幅黑白照片，是尤瑟夫．阿尼瑟（Yusef Anisseh）和太太瑪利亞（Maria）的照片，兩人都已過世。尤瑟夫是外伯公安東尼奧的兒子，也就是我的堂舅。現在，他們的孩子夏天會過來住，不過我們造訪時空無一人，在的只有回憶。

阿公的爸爸喬治．阿尼瑟（George Anisseh）可能也是在這幢房子出生。我知道喬治的太太賽德來自附近的村莊，是法國裔。阿公的爸爸很可能是農夫，就跟山上多數鄰居一樣，他可能要照料葡萄園、橄欖樹、菜園，養些家禽家畜。他們大概也會種桑養蠶，這是當時黎巴嫩普遍的生財之道。

喬治的太太賽德生下的孩子有八個順利長大，她生育的時間大概從一八五五年開始，至少延續至一八八八年（阿公——也是老么——出生的時候），前後長達三十多年。她結婚的時候一定還很年輕；早婚在當時的黎巴嫩相當普遍。

據說賽德到了五十多歲時身體不太好。因為她長年飽受頭痛之苦，冬天又更嚴重，所以在寒冷的季節會搬到氣候溫暖些的海濱小鎮。

我可以想像阿公在這裡長大的樣子。阿公精力旺盛，一定不會常常待在屋裡。阿公的爸媽應該會指派很多工作給他，像是照料花園、照顧動物。

在阿公的時代，山上的孩子多半沒有接受正式教育。他們接觸教育的唯一管道來自教堂的宗教課程，因此多數村民都不會讀寫。不過，等阿公到了上學的年紀，有些村子已經有學校了，教育也多少成為義務。

阿公跟我說過他不喜歡上學，他說他一定會想辦法逃課。有一次，他爬過學校圍牆，騎驢子逃走。在我錄下來的訪問裡，阿公談到這段逃學經歷：

「我會蹺課到鎮上去，整天待在那裡，和其他小孩一起玩彈珠，等到放學時間再回家。爸爸以為我去上學了，但老師一問他為什麼我沒去學校，他就知道我逃學了。然後，等我回家吃完飯，爸爸就會到外面拿根樹枝。他跟我說：『你沒去上學。』然後抽打我。

「每次我沒去上學，他就會打我。我每次都挨打，但我還是不去上學。後來我真希望自己有好好上學，但已經太遲了。」

或許是阿公躁動不安的靈魂帶領他前往海外，尋找新生活。阿公最後成了農夫，就跟他的爸爸一樣，只不過他落腳在密西西比，而非黎巴嫩。

艾利和我沿著阿尼瑟祖屋上方的小徑散步，我們走到一間既寬敞又十分華麗的石屋前面。屋裡住著瓦佳吉（Wajaj），外伯公安東尼奧有九個女兒，瓦佳吉是其中之一。瓦佳吉是位寡婦，大半輩子都住在墨西哥。拜此之賜，我們可以用西班牙文溝通，但因為我已經很久沒說西班牙文了，常常只能猜她在說什麼。

瓦佳吉見到我好像很高興，我們的會面相當愉快。她讓我想到媽媽的姐妹，我的幾位阿姨。瓦佳吉現在八十幾歲，心臟有毛病，她是個熱力四射的女人，散發愛和溫暖。瓦佳吉顯然非常熱心信仰，她告訴我彌撒時間是隔天早上九點，我答應她會參加彌撒。

接著我們回到艾利家，享用美味的燉羊肉大餐，配上扁麵包和多種蘸醬。艾利的父母真是善良又好客，真希望我可以和他們溝通得更順暢，那麼這次拜訪就完美無缺了。

5 亞力酒節

接近傍晚時分，艾利帶我去見伊芳（Yvonne），伊芳是安東尼奧的外孫女，我的另一位遠房表姐。伊芳活力四射，年齡和我相仿，滿頭銀髮。她曾經長年住在委內瑞拉，但不會說英文，因此西班牙文再次成為我們溝通的語言（我開始覺得，比起勉強學幾句阿拉伯語，重新複習西班牙文會更實際。目前為止，我好不容易學會的阿語只有一句「Yalla」，意思是「走吧」、「來吧」）。伊芳美麗的新家離艾利家不遠。她和女兒一家同住，包括她的外孫優瑟夫（Yousef）和馬克（Mark），這兩個孩子也是我此行唯一遇到的「表兄弟姐妹的孫輩」。

優瑟夫是十六歲的高個男孩，他帶我到後院去，他們家在後院擺了一個巨大的銅蒸餾器，用來釀亞力酒（arak）——黎巴嫩的國民飲料。優瑟夫的英文非常流利，他也會說西班牙文、法文、阿拉伯文。他四歲大的弟弟馬克雙眼炯炯有神，正坐在桌前念法文，用手機念書。我心想，真是聰明的一家人。

優瑟夫向我說明他們怎麼把葡萄園裡的葡萄釀成亞力酒：「我們用白葡萄釀酒，葡萄經過三次蒸餾，所以酒很純。裡面會加茴香種子，增添香甜的甘草味。喝亞力酒的時候通常會兌水喝，加水會讓酒變得白白霧霧的，像牛奶一樣，酒也變得沒那麼烈。你可以一杯接一杯的喝，但不會宿醉。」

優瑟夫的爸爸帶我到銅蒸餾器旁，讓我看看蒸餾器運作的方式。工序聽起來很複雜，不過看起來很有趣。

「你們會用腳踩葡萄嗎？」我開玩笑的問。

「事實上，我們的祖先的確是那樣釀亞力酒，」優瑟夫笑著說，「現在會用機器，但以前他們會用腳踩葡萄。他們也會邀請朋友和鄰居，過來一起幫忙踩泥土和草梗，做成房子的屋頂。他們邊踩邊唱歌，變成我們稱為『德布卡（dabke）』的舞蹈。」

要是能親眼看看德布卡舞該有多好，我心裡正這麼想，優瑟夫就告訴我外婆伊芳當天晚上要在後院辦派對，邀了朋友和鄰居，派對上或許會跳德布卡舞也不一定。

「誰知道外婆的派對上會發生什麼事，」優瑟夫補充說，「外婆總是驚喜連連！」

果然，伊芳表姐不只邀我參加派對，還要我在她家住一晚。她帶我到房間去，途中經過客廳，客廳裡堆滿了上百袋食物和衣服，幾乎沒有地方可坐。伊芳指指袋子，用西班牙語說：「Para los pobres.（為窮人準備的。）」我立刻明白伊芳在為村裡的貧苦人家收集物資，也瞭解她既是個富有同情心的人，也喜歡開心玩樂。

夜晚來臨時，伊芳寬敞的戶外庭院擠滿了客人。長長的餐桌從院子這一頭延伸到另一頭，桌上擺滿琳琅滿目的黎巴嫩小菜。[5]優瑟夫的爸爸和幾個男人窩在庭院一角，在銅燕餾器旁烤起肉串。優瑟夫和媽媽剛剛把燈光和音響架好，輕快的黎巴嫩音樂便飄蕩在夜晚的空氣中。

庭院另一側擺了另外兩張桌子，很快就坐滿了大大小小的孩子。我注意到其中一個青少年帶了水管來，正在餐桌旁把水管架好。有些孩子看起來還只是小學生的年紀，大家開懷大笑、互相敬酒，手上拿的好像是稀釋過後的乳白色亞力酒。大家顯然

5 譯註：黎巴嫩小菜（mezza）指多道的小菜，常用來當下酒菜。

都樂在其中。

我和比較克制的大人一起坐，坐在長桌尾端。大部分人都在專心吃東西、喝亞力酒，所以不太聊天，只有譚雅非常健談，她是某個當地人的迷人俄國太太。過了一陣子，我移到比較熱鬧的小孩桌，有幾個年輕人會說英文，看他們聊天談笑，我覺得他們和世界各地的孩子都差不多，不過或許更開放、更友善。

遠處忽然傳來雷鳴般的爆炸聲，不知道是砲聲還是煙火聲。我東張西望，但沒看到什麼不尋常的地方，而且其他客人好像都不以為意。但是聲音繼續隆隆作響，越來越大聲、越來越靠近，直到聲音終於跨進庭院門檻。我轉過身，正好看見一面大鼓從房屋一隅現身，背著鼓的是位膚色黝黑的樂師，後面跟著搖頭晃腦的長笛手和手舞足蹈的鈴鼓手。

「敘利亞人來了！」我旁邊一位紅褐色頭髮的少年大喊，「來跳德布卡舞！」所有大大小小的孩子立刻從餐桌上起身，跑到庭院中央，手牽手、肩並肩。樂師圍著他們奮力打鼓，隨音樂舞動身體。

我溜回大人桌，看年輕人拉起的隊伍越來越長，開始踏出富有節奏的德布卡舞步，看得入迷。就像優瑟夫說的，德布卡舞讓人想起以前踩葡萄的方式，或是把草梗踩踏成屋頂的步伐。

俄國太太譚雅的聲音穿越嘈雜的鼓聲，穿越高亢清亮的笛聲和鏗鏗鏘鏘的鈴鼓聲，熱心向我解說德布卡舞：

「這種舞充滿意義，」譚雅熱切的說，「象徵和諧、同一。事實上，『德布卡』本身的意思就是『來去幫忙』，所以德布卡舞可算是農民工作時跳的舞。」

我注意到樂師每隔一段時間就會跪在某位賓客面前，跪一陣子以後，再重新邁開步伐繞著庭院。

「他們為什麼要跪下來？」我問譚雅。

「為了要錢囉，當然嘛。如果他們跪在你面前，你就應該給小費。給小費也是一樁好事，因為他們都是逃離戰爭的窮困難民，來這裡試著討生活。這也是伊芳邀他們來的原因，伊芳想幫助他們，也想讓我們開心。」

跳了一陣子以後，年輕人坐了下來，換幾位大人站起來接著跳。我仔細觀察，試著找出德布卡舞的基本步伐。前面好像有一個人領舞，領舞的人會即興改變舞步。有些步伐很簡單，就像我熟悉的臺灣原住民的舞步，有些步伐就比較繁複。音樂也會改變，隨著敘利亞樂師忽前忽後、跪地站起或跳上跳下，帶出不同節奏。

伊芳表姐身穿亮粉紅褲裝，她抓住我的手，大喊：「Yalla, Padre!（來吧，神父！）」一把我拉在身邊，加入舞者的行列，為我示範基本舞步。之後，我很快跟上大家——彷彿德布卡舞早已在我的血液之中。德布卡舞真是充滿能量和熱情。

那天晚上，我一邊跳舞，一邊想到祖先在蓋好新家後很可能也跳了德布卡舞（落成的新家也許就是我早上拜訪的阿尼瑟祖屋），也可能是更久以前，在亞力酒釀成之後的慶典上，在家裡開心起舞。我才剛剛開始學德布卡舞，但德布卡舞是我繼承遺產的一部分——是我身分的一部分。

晚上回房間之後，派對仍在繼續，不過音樂安靜許多。敘利亞樂師已經離開，或許去了其他地方演奏，改由柔和的黎巴嫩情歌取而代之。夜裡，我回想這天發生的種種美妙之事，心中也充滿愛和感謝的旋律。我找到了祖先的村莊，見到失散多年的親戚——至少找到了外公這邊的親戚——也嘗到一點黎巴嫩家庭生活的滋味。不知道明天又會帶來什麼樣的驚喜。

6 家庭盛宴

我好像才剛進入夢鄉，就立刻聽見耳邊響起鐘聲。是敘利亞樂師回來表演安可曲嗎——還是我在做夢？我花了一點時間，努力回想自己身在何處，然後想起今天是星期天，鐘聲是為了提醒大家上教堂。不久之後，艾利上門問我準備好去參加彌撒了嗎。我們走到古老的村莊教堂，正好來得及和其他教友一起入座。這是我第一次參加馬龍派彌撒，我希望盡可能多瞭解這個古老的禮拜儀式。

馬龍派屬於天主教教會，但擁有不同「禮儀」，意思是馬龍派有些習俗、傳統、規矩，和我隸屬的羅馬天主教「禮儀」不同。儘管如此，我們擁有同一本聖經、同一位教宗，敬拜上主的方式也幾乎一樣。

那天上午我參加的馬龍派彌撒充滿許多詠唱和焚香，整體氛圍也比羅馬天主教的彌撒更富神秘感。儀式以黎巴嫩阿拉伯語進行，只有祝聖禮除外，神父主持祝聖禮時使用亞拉姆語（Aramaic）——這是當年耶穌本人使用的古老語言。這星期沒有講道，不過我覺得沒有也無妨，因為即使有講道我也聽不懂。

雖然我有點難以跟上彌撒流程，但這不要緊。村莊教堂中，金色岩石反射著吊燈光輝，超過百年的記憶在裊裊香煙裡飄進飄出。這裡是祖先參加彌撒的地方嗎？他們在這裡結婚嗎？去世的時候，也被帶到這裡舉行葬禮嗎？彌撒過程中，我不停想著這些事情，也相信這天早上，祖先的靈魂一定在某處照看我，一定以某種特殊的方式與我同在。

彌撒結束後，艾利的媽媽把我介紹給這位留著鬍子的年輕牧者認識（所有馬龍派神父都留鬍子）。他說要是早知道我是神父，一定會邀我共同主持彌撒。我很慶幸他沒這麼做，因為面對不熟悉的禮儀和語言，我一定會茫然失措。單純從座位區觀看，能讓我更加體會這次彌撒——我在自己的教區鮮有這種機會。

彌撒結束後，瓦佳吉和她的家人邀我到札噶爾塔（Zgharta，又譯茲加爾塔）共進午餐。札噶爾塔要從安圖靈往下開到海岸地區，車程大約一個半小時，離黎巴嫩的第二大城的黎波里（Tripoli）不遠。安圖靈和附近山村的居民大都會在札噶爾塔度過寒冷的冬季；山上人家彷彿都有兩個家——冬天的家和夏天的家。

開往札噶爾塔的車程再度將我沉浸在卡迪沙峽谷的壯麗景色中。瓦佳吉的女婿約翰負責開車，瓦佳吉坐在旁邊的副駕駛座，我和瓦佳吉的看護坐在後座，看護是非洲人。九彎十八拐的道路，加上我還在吃感冒藥，一下就弄得我頭暈目眩。

幸好在抵達札噶爾塔前，我們在一大片橄欖樹林旁停下來休息，休息的地方有一間石屋，四周環繞著葡萄園和果園。我在這裡遇見了堂姨拉米亞（Lamiah）和她的兩個兒子。拉米亞一百歲了，她在房裡臥床休息，看起來當然年事已高，不過還很精神。她身材瘦削，一頭灰色直髮，滿臉好奇的盯著我看，聽到他們介紹我之後就向我微笑。我們只停留一會，但還是有時間祝福她、為她禱告。

我們在約翰位於札噶爾塔的家稍事停留，他親切的太太伊薇特（Yvette）和兩個孩子羅傑（Roger）、香塔兒（Chantal）上了車。我們不久就抵達郊區一間開闊的露天餐廳，餐廳面積和籃球場差不多大，上方有屋頂遮蔽，但側面是開放的，周圍是水池和噴泉。彈奏黎巴嫩樂器的樂團遊走在各桌之間，搭配一位活潑無冷場的歌手，歌手一邊跳舞，一邊在空中揮舞雙手。在他為客人高聲獻唱當地金曲的同時，也有一些客人起身跳舞。

音樂聲有點嘈雜，但很動聽，而我仍然因為感冒和暈車不太舒服；儘管如此，我還是順利和羅傑、香塔兒開心的聊天。他們是我堂姨的外孫，也就是我的表甥、表甥女，兩人都二十歲出頭。爸爸約翰在墨西哥工作多年，所以他們在墨西哥長大，一家人這幾年才剛搬回黎巴嫩。

接著食物上桌了——真是一頓大餐！首先登場的是形形色色的小菜——一道道黎巴嫩佳餚，本身就是一頓饗宴。光小菜就夠我吃了，但主菜接著上桌。我這兩天都在吃感冒藥，因此食欲不振，這幾餐的食物感覺起來也沒那麼美味，但一嘗到其中幾道主菜，一切都不一樣了。有一道菜特別令人驚豔。我當下不太確定那道菜是什麼，不過回想起來，應該是羊肉做成的柔軟生肉丸，[6]這是黎巴嫩的國民美食。

吃飽之後，我們去拜訪伊蘭（Ilane）一家，伊蘭是我在札噶爾塔又一位上了年紀的堂姨，她有點含蓄，但非常親切，讓我想起媽媽。除此之外，這個星期天下午伊蘭的三個兒子也在，帶著太太和孩子回家。伊蘭的兒子英文非常流利，但孫子就只會幾個單字。

其中一個比較年幼的孩子畫了一張圖給我，於是我也畫一隻恐龍給他，似乎逗得他相當開心。環顧房內，我驚訝的發現所有孩子都很漂亮。我再次為擁有這些可愛的表親感到驕傲。

我們和伊蘭一家道別時，太陽正沿海岸西下，琥珀色的餘暉照耀著陽臺，孩子們在陽臺上向我揮手。我真希望能再待久一點，更深入認識大家，但我們還要開好一段路回安圖靈。這天真是多采多姿！

6 譯註：肉丸（kibbeh），作法是以絞肉混合碎麥粒、洋蔥及多種香料，捏成肉丸或肉餅的形狀，可以生吃或油炸。

7 神之雪松

隔天早上，我發現感冒已經消失無蹤，或許是被前一天的種種開心事治好的。瓦佳吉幫我準備了豐盛的早餐，她一面用西班牙文閒聊個不停，一面煎蛋，又把扁麵包、優格起司、水果都擺上桌。我告訴她，她讓我想起我的幾位阿姨，她一聽又再好好抱了我一下。

吃完早餐後，瓦佳吉一位年老的朋友來訪，她有張迷人、表情豐富的臉，臉上掛著淘氣的微笑。這位女士對算命稍有研究，會解讀咖啡渣。她看一看我喝完的空咖啡杯，驚嘆的說她看到伸出雙手的耶穌基督形象。我仔細看看杯子，杯底確實有類似她說的樣子。她說我一定是個聖潔的人。我問她是否以算命為業，她說：「不是，那樣就是罪惡了！」算命只是好玩而已。

後來，我遇見瓦佳吉在委內瑞拉的鄰居，是英文非常好的年輕女子，可以把瓦佳吉跟我用西班牙文講的許多家族故事翻成英文。她說瓦佳吉是個聖潔的人。這裡的每個人好像都很聖潔，或許是因為大家住在神聖之谷吧。

安圖靈的氣氛悠哉而夢幻，五月底的日子更是如此，因為有繁花盛開、果樹結實纍纍，點綴蜿蜒的小路。安圖靈村很小，看似偏遠，但只要往山上開五分鐘就可以到埃登（Ehden），埃登就像小型城鎮，有商店、餐廳和其他機能。埃登也是夏季避暑勝地，有些政治人物在埃登有度假別墅。

瓦佳吉說伊芳計畫等等開車載我在這一帶繞一繞，然後再送我回卜夏里的飯店。聽到這個計畫我很高興，因為我希望盡可能多看看這片山區，這裡是我祖先起源中非常重要的一部分。最吸引我的是安圖靈下方的卡迪沙峽谷深處。

我可以想像阿公和朋友在峽谷底下一起玩的樣子，就像我和哥哥小時候也會探索家裡附近的峽谷。不過科札雅峽谷的落差深達一千公尺，坡度極陡。漫步在這樣的深淵會是什麼感覺？

伊芳開車到了瓦佳吉的屋外，按了聲喇叭，要來接我去四處參觀。我向瓦佳吉道別，注意到她正忍著眼淚。瓦佳吉年紀大了，身體不好，我們兩人都意識到彼此可能不會再見面。我很享受和她相處的時光，也很感謝她熱心好客。她用西班牙文向我說「Hasta la vista」，後會有期，真希望這句話能夠成真。

接下來，由伊芳擔任嚮導，我們走訪周邊山區的幾處名勝，一路上都只用西班牙文溝通。第一站是附近的度假小鎮埃登，埃登這個名字來自《聖經》的伊甸；亞當和夏娃被逐出天堂之後，就住在伊甸園東邊。[7]想到亞當和夏娃兩人住的地方可能就離祖先的家園不遠，我對此深思反芻。這裡確實源遠流長。

在埃登鎮制高處，堡壘般的聖喬治大教堂中庭裡，矗立著一尊尤瑟夫．卡拉姆（Yousef Karam）的雕像，他是黎巴嫩的愛國英雄。尤瑟夫．卡拉姆十九世紀出生於埃登，常被稱為「聖雄（Saint Hero）」，一生從未打過敗仗。他起身反抗人民的壓迫者，為黎巴嫩統一而戰。不過，尤瑟夫．卡拉姆的故事裡有一點特別之處，讓他和我的家族有更私人的關係。

阿公的爸爸喬治曾加入尤瑟夫．卡拉姆的馬龍派軍隊，和他共赴沙場，一同對抗佔領黎巴嫩的土耳其人，外曾祖父喬治在某一場最終戰役中受了傷。當時是一八五八年，比阿公出生還早了三十年。仰望尤瑟夫．卡拉姆的雄偉雕像，我可以想像外曾祖父和他並肩作戰，追求解放壓迫的勝利。可惜沒有人幫外曾祖父也立一尊雕像。

我們離開埃登的高聳連峰，伊芳表姐駕輕就熟的開著小車，穿過蜿蜒山路和濃密的橄欖樹林，往下開到下方卡迪沙峽谷的邊緣。我們切入深邃峽谷的入口是一道陡坡，位於卜夏里鎮對面。第一站是狹小的「聖誕洞穴（Nativity Cave）」，洞穴裡有大型雕像，描繪基督的誕生。伊芳和洞穴裡一位年邁的神父攀談起來，神父是從上面的路走下來的。我不知道兩人之前是否認識，不過從伊芳生動的手勢看來，兩人儼然已成了好友。

從聖誕洞穴繼續往下開，只過一小段路就到了知名的聖以利沙隱修院（St Elisha Monastery），今日是朝聖之地。卡迪沙峽谷曾經庇護數百間隱修院和隱修所，其中一些幾乎可以上溯至耶穌基督的時代。今天，峽谷各地仍有寥寥隱士散居，但安圖靈

7 譯註：埃登（Ehden）和伊甸（Eden）發音相近。根據《聖經．創世記》的記載，神造出亞當和夏娃（Eve，天主教譯為厄娃）後，讓他們住在伊甸園（即天堂），後來兩人因為吃了禁果而被逐出伊甸園，住在伊甸園之東。

下方的聖安多尼隱修院（St Anthony's Monastery）是僅存的僧侶社群，只剩這裡還繼續住著一些僧侶。

聖以利沙隱修院主要是朝聖地，感覺相當安靜。那天早上只有我們兩位訪客，造訪這間嵌入崖邊、岩石鑿成的可愛迷宮。伊芳開心的微笑，走向各個雕像和聖像，輕輕拍拍它們，高聲用禱告和感嘆詞和它們打招呼，好像認識它們一樣。我感到這些雕像——或它們代表的人物——也一樣是伊芳的好友。

我們沒有繼續向下深入卡迪沙峽谷，因為伊芳這天下午還要工作，所以我們只有一點時間完成剩下的行程。不過伊芳還想帶我去一個她非常喜歡的地方：十九世紀的馬龍派隱士、黎巴嫩主保聖人——聖撒柏（St Charbel）——的出生地。聖撒柏的出生地位於貝卡卡夫拉（Bekaa Kafra）的教堂，貝卡卡夫拉是黎巴嫩海拔最高的村落，離我們進入卡迪沙峽谷的入口處不遠。這座古老的小村莊已成為朝聖者的熱門目的地。

據說聖撒柏施展了許多奇蹟和祝福，他一生大多數時間都離群索居，獨自禱告。聖撒柏廣受黎巴嫩基督徒的尊崇，他的出生地建了一座宏偉、現代的教堂，教堂旁邊有一尊白色的聖撒柏雕像，幾乎和教堂等高。幾位朝聖者正在參觀地窖裡的洞穴，據說這裡是聖撒柏實際的出生之地。隔壁的紀念品店有許多聖物，大部分是在當地製作的，而且相當精美。伊芳買了聖撒柏紀念牌、玫瑰念珠[8]和香送給我。

接下來我們只剩一點時間去參觀最後一個地方，也是我最期待的地方：黎巴嫩的大片雪松林，黎巴嫩人稱為「神之雪松（The Cedars of God）」。

最大片的雪松林保留區只要從卜夏里往上開一小段路就到了，位於黎巴嫩山山腳下，海拔超過一千五百公尺。山頭冬季時白雪皚皚，但現在一片光禿，在陽光下閃耀著琥珀色，高聳的山脈挺身屹立，守衛底下這一小片雪松林——過去廣闊的大片森林，如今只剩這裡。

在聖經時代，所羅門王曾經用黎巴嫩雪松的高級木材建造以色列的耶路撒冷聖殿。自此以後，雪松就成為黎巴嫩的象徵，也成為黎巴嫩人永恆的信仰，經歷多年歲

8 譯註：天主教僧侶每天會誦念《玫瑰經》（*Rosary*）一百五十遍，手持玫瑰念珠（亦稱作 Rosary）計算次數，這個習慣也流傳至平信徒之間。

月而歷久彌堅。雪松林也像橋梁一樣，打開黎巴嫩的偏遠山區，向全世界開放：雪松吸引了來自遠方國度的旅人，到這裡和當地人分享他們的文化。今日依舊如此。

因為伊芳表姐還有工作要忙，所以我們沒有時間走進雪松林保留區，沿著蜿蜒小徑散步。我們改在路旁的咖啡店喝熱巧克力，前方一眼望去就是高大的雪松。然後伊芳問一位正在整理雪松林地的管理員，問她能不能拿一株小樹苗回去。高大友善的管理員指著一株矮小的樹，然後伊芳回答：「Correcto.（沒錯。）」她說的依然是西班牙文。

我們照了幾張相，然後我和友善的管理員簡單聊了一下，他以為我們是墨西哥人，因為我們一直說西班牙文。他問我住哪裡，於是我告訴他旅館地點，他一聽就說離他家很近，看看晚一點能不能去找我。他的名字是撒爾（Char），由撒柏簡化而來，和黎巴嫩主保聖人是同一個名字。

伊芳開車送我回卜夏里。和她道別之後，我回到皇宮飯店的房內，房間可以俯瞰峽谷，而我想在房裡好好休息。我終於和失散多年的親戚重逢，和他們共度了精彩的三天，同時努力對抗種種感冒症狀。感冒藥讓我昏昏欲睡，跋涉的曲折山路又讓我頭暈目眩，吃下這麼多美妙的黎巴嫩食物，我覺得自己脹得要爆炸了。現在我只想在一個地方好好休息，花點時間獨處，稍稍回想過去幾天的種種。

不過事情的發展不太如願。

8 吾友撒爾

當晚大約九點，我正在放水準備沖個澡（水大概過五分鐘才熱），這時聽見門外傳來敲門聲。敲門的是撒爾，雪松公園的管理員。撒爾說很抱歉這麼晚才來，飯店經理把我的房間號碼告訴他，但走廊一片漆黑，他是靠手機燈光才找到房間。他問我要不要到外面村莊廣場吃點東西。

B廣場咖啡廳位於卜夏里的中心，就在聖薩巴大教堂正對面、紀伯倫故居腳下，這裡似乎是村裡大多數年輕人晚上聚會的地方。咖啡廳離我住的旅館只有幾分鐘路程，是鎮上最熱鬧的地方——幾乎可以說是唯一熱鬧的地方。那天晚上，撒爾和我加入廣場上坐在桌邊的人群，成為其中一分子，涼爽的暮靄漸漸籠罩廣場，將古鎮沐浴在雲霧之中。四周的氛圍再次顯得恍惚縹緲，如在夢中。

廣場上很多人在抽水煙（argileh），抽法是將調味菸草放在水煙壺裡，菸草經過長長煙管的過濾，據說對身體比較無害。撒爾提議抽檸檬薄荷口味，我們輪流吞雲吐霧。女服務生給我們衛生的「濾嘴」，我們一人拿到一個，然後她在我們這桌坐了一會，也自便的抽了幾口水煙。在黎巴嫩，晚上九點開始吃晚餐顯然還不算太晚，所以我們點了扁麵包、鷹嘴豆泥、五香馬鈴薯，配上好喝的黎巴嫩淡啤酒。

撒爾年僅二十三歲，不過就像其他這個年紀的黎巴嫩人一樣，他看起來更老成一點。撒爾相貌英俊、皮膚白皙，留一臉濃密的鬍子（跟大家一樣，幾乎每個當地男性都留鬍子，只有學生除外），體魄強壯結實。撒爾的幾個朋友在我們這桌坐了一會，大家英文都相當流利，因為學校會教（還有好幾種語言），不過大部分的課是用法文上的。一個男孩子告訴我大家痛恨法文，所以有機會就盡量說英文，對我正好很方便。

撒爾問我隔天晚上想不想去他家烤肉；他家園子裡有間小屋，他喜歡呼朋引伴一起吃飯。我們的偶遇現在似乎有機會開花結果，成為友誼。我曾經在不同國度旅行，通常是隻身一人，但即使會說當地語言，也未必都能順利結交朋友。儘管如此，和大家建立更深刻的連結，始終是我旅行時真正想達成的目標之一。這天早上剛造訪過聖撒柏的聖地，或許是聖撒柏引領我找到同名之人。

第二天，我探訪卜夏里的大街小巷，發現一間禮品店，在店裡買了一些巧克力，準備晚上帶去撒爾家。卜夏里的主街不算很長，不過旅行者需要的東西似乎應有盡有。街上有銀行、自動提款機、網咖兼撞球館、幾間餐廳和紀念品店、幾間藥局、一間糕餅店、刺青店，還有幾間小雜貨店。我的飯店對面有個蔬果攤。

沿著主街從教堂附近往下走，我遇見一位年輕的藝術家，坐在他的刺青工作室前面。他的名字是貝夏拉（Beshara），和我外婆的姓一樣，很有意思。他的店裡有塊牌子，上面寫著：「刺青是靈魂的標記。刺青可以是一扇窗，我們由此向內看；刺青也可以是一面盾，保護我們遠離那些看不穿表面的人！」

貝夏拉說他幫過很多村民刺青，其中相當熱門的一種圖案是繞著手腕的玫瑰念珠。年輕人的宗教信仰顯然非常強烈，因此有些人甚至希望把信仰銘刻在肌膚上。一個開心的少年驕傲的向我展示手上剛完工的刺青，刺的是「救主的血是墨水，寫下我們生命的腳本」。

飯店對面的蔬果攤老闆名叫卡瑪勒，大約四十多歲，有點靦腆，但也非常友善。每次我經過他的店，他都會邀我進去喝杯果汁。卡瑪勒不算忙，因為顧客不多，這個時候也沒有其他觀光客。他之前長年住在貝魯特，蔬果攤才剛開張不久。我從卡瑪勒那裡瞭解到馬龍派的靈性在山區居民身上有多強烈。他特別和我分享自己怎麼思考長期內戰後的和解。

「原諒很困難，」卡瑪勒告訴我。「只有耶穌能夠立刻寬恕一切。我們這些凡人還是必須原諒，但是要慢慢來。對我們而言，原諒需要時間。」

卡瑪勒和撒爾是好友，兩人住得很近。那天晚上，卡瑪勒為烤肉派對貢獻了店裡的馬鈴薯和番茄，撒爾買了雞肉、生肉丸、扁麵包、優格起司，我帶了在路邊一間宗教用品店買到的蘋果酒。接著我們沿教堂旁邊的窄巷往下走，前往撒爾家。我在撒爾家遇見了他美麗的母親。撒爾的媽媽面帶溫暖的笑容，皮膚白皙滑潤，跟撒爾一樣。我把買來的一小袋巧克力拿給她，她默默送我一朵紅玫瑰。然後我和撒爾沿巷子繼續走，走到峽谷上方的山脊，從山脊往上看，可以看到暮色中紀伯倫博物館的金色岩石高懸在上。

撒爾的小屋是果園裡唯一一間房子。外面庭院的涼亭下、蘋果樹叢旁邊，有個燒柴火爐，火爐上有細細的煙囪，讓煙排出去。火爐和我在安圖靈親戚家裡看到的很像，煙囪旁有個爐頭在上面，下面有設供給柴火的開口，還有一個烘焙用的小空間。我們一邊準備食物，料理從園子現摘的新鮮荷蘭芹，撒爾的幾個年輕朋友現身了。

我認識了薩米爾、保羅、大衛，都是很友善的男孩子，還是青少年的年紀。他們在雪松紀念品業工作，用保留區裡剩的雪松廢材做成壁掛木牌。他們送我幾個木牌讓我帶回家。薩米爾只有十五歲，但個頭很大，外表幾乎是圓滾滾的，顯然熱愛吃東西。他和幾個年輕朋友用秋風掃落葉的速度吃完了餐點。飽餐一頓之後，他們一邊抽水煙吐出煙圈，一邊喝亞力酒，開心放鬆。

食物既健康又充滿元氣。我最喜歡塔布勒沙拉，[9]可能是因為荷蘭芹是我自己切的吧。撒爾告訴我，只要主人邀你幫忙準備餐點，就表示他認為你已經是家族一員。離開之前，撒爾送我一小串木製玫瑰念珠，說我是他的朋友。

隔天早上，我請計程車司機東尼載我到山上的雪松林保留區，希望在這個名勝之地參觀久一點。撒爾在外面的路上，旁邊還有三個敘利亞工人，他們在撿垃圾。東尼去咖啡店喝咖啡的時候，我和撒爾還有工人聊了一會。

敘利亞人一開始很靦腆，不過我們一起擺姿勢「自拍」了幾張之後，他們就放鬆下來，慢慢打開話匣子。就像黎巴嫩大部分的敘利亞人一樣，他們也是難民，但至少他們有份工作可以糊口。生活不易，因為敘利亞人受到嚴密監控，而且必須遵守宵禁。不過，黎巴嫩人依賴敘利亞人從事辛勞的工作，像是農業和營造業，這些行業人力不足。

這次，我在雪松林保留區漫步了一個多小時，走在維護良好的步道上。這天陽光燦爛，鄰近原野有輕柔的薰衣草野花點綴。雪松樹翠綠得幾乎令人目眩，和蔚藍天空、山巔的皚皚白雪形成鮮明對比。雪松的姿態千變萬化，有些顯然已有數百年之老，幾乎活出了獨特的個性，個性或許是漫長歲月培養出來的。有些樹則感覺還很年輕。

9 譯註：塔布勒（taboule）沙拉流行於中東地區，主要食材有麥粒、荷蘭芹、薄荷、番茄、洋蔥等，用橄欖油、檸檬汁、鹽調味。

撒爾和他的敘利亞助手說他們會定期為保留區補充生力軍，每年種下數千棵新雪松樹。我沒有開口問，他們就主動送我一株小雪松苗，讓我帶回臺灣。我把樹苗帶回飯店，放在窗臺上，希望它可以順利熬過旅程抵達新家，提醒我我的黎巴嫩根源。

9 走訪的黎波里

星期六早上，我決定造訪北部的內飛地[10]城市——的黎波里。的黎波里離敘利亞邊界不遠，現在湧入了大量難民。的黎波里是黎巴嫩第二大城，從卜夏里只要往山下開兩小時的車就到了。阿公年輕的時候可能去過的黎波里好幾次，也許是騎驢子去。卡瑪勒說他跟其他商人有時候會一大清早開車去的黎波里採買蔬菜，之後再趕回來開店。我找到一班直達的黎波里的小巴士，巴士沿路載客，而我再次坐在司機旁邊的前排座位，享受絕妙美景。

10譯註：內飛地（enclave）的狹義定義是國土內一小塊主權屬於他國的領地。的黎波里三面環山，一面臨海，加上主要人口為穆斯林，被馬龍派天主教徒為主的山區包圍，在文化上、地理上都有孤立之感，因此作者以內飛地形容之。

我在的黎波里市中心下車，此處車水馬龍，人潮洶湧。天氣炎熱，風沙很大，顯然迥異於我才剛離開的山區，山上空氣既純淨又涼爽。巴士站附近有幢建築物掛著旅遊中心的牌子。我走進屋內，進到舒適、開著冷氣的辦公室，但裡頭空無一人。最後，我終於在後面的房間找到一個正在修電腦的人，我問他有沒有的黎波里的地圖，他說他只是電腦維修人員，不過他會打電話幫我問問看。

他幫我到處找，又打了好幾通電話，但還是找不到地圖。於是他說要帶我到市政廳去，市政廳那裡一定有地圖。我婉拒說真的不必這麼麻煩，但他堅持要帶我去。我感覺他們有好一陣子沒有觀光客來訪了。

我們穿過迷宮般的街道，終於抵達市政廳。接著我和維修人員一起走進去，聽他幫我要地圖。市政廳辦公室裡幾乎每個人都問了另一個人有沒有地圖，但徒勞無功。這裡也拿不到的黎波里的地圖，每個人都搖頭表示愛莫能助。

這時我已經損失了大概一小時，我急著想在下午最後一班回卜夏里的巴士發車前多看看這座城市。電腦維修員和我道別，爲沒能拿到地圖再三道歉，我也表示很不好意思佔用他的時間，他只簡單說很高興能休息一下。在他離開以後，我站在市政廳前，發現自己完全不知道身在何方。

儘管盛傳的黎波里有危險的教派衝突，但這是個迷路起來很有意思的城市。幾乎每個轉角都會帶來迷人的發現或愉快的驚喜。我立刻在人行道上看到一個生意興隆的攤位，賣新鮮的現榨果汁。因為天氣炎熱，顧客你推我擠，想靠近色彩斑斕的成堆紅蘿蔔和柳橙。我在附近的咖啡店吃了法拉費[11]三明治，接著終於找到通往市集（souks）迷宮的路。市集位於老城區的傳統市場區，到這裡真讓我鬆了一口氣，因為這時颳起強風，到處塵土飛揚，我覺得自己漸漸覆上薄薄一層細沙。風甚至一度強到吹落了店家的大塊錫製招牌，就發生在我面前，我和路上行人只好趕快找掩護。

市集位在熙來攘往、僅限行人通行的狹窄巷弄裡，上方有高高的拱頂遮蔽，這裡想像得到的東西應有盡有——就像聞名遐邇臺灣夜市的中東版。但真正讓我眼睛一亮的是黃金小販的市集。這一帶最常見的顧客似乎是全身裹著黑色布卡（burkas）罩袍

11 譯註：法拉費（falafel）是蔬菜泥丸子，作法是將鷹嘴豆、蔬菜、洋蔥磨碎混合，做成豆泥餅，最後再油炸，因此也意譯為炸鷹嘴豆泥餅。

的女性，只露出眼睛周邊的空間。不知道她們如果買了金項鍊、金手鐲要戴在哪裡。她們顯然不會穿金戴銀出來炫耀。

黃金市集的巷弄附近有間三百年歷史的蒸氣浴場（hamman），的黎波里還在營業的公共浴場僅此一間，通過數世紀的考驗仍屹立不搖。我好奇的踏進這間古老浴場的入口門廳，這裡叫作「厄爾阿貝德浴場（hamman al-abed）」，僅接待男性顧客，圓形的接待大廳裝潢有挑高的圓頂天花板和中央噴水池。上方掛著水晶吊燈，也留下空間讓自然光傾瀉而入。這座「活生生的博物館」幾乎有種教堂的光輝。磨損的沙發、東方地毯和軟綿綿的靠墊沿著牆壁整齊擺放。

一位魁梧的年輕侍者問我想不想試試蒸氣浴。我說好之後，他遞給我一個小袋子，要我把所有貴重物品都放進去，他會負責保管。看著我的相機、回程巴士車資——事實上是讓我不至於客死異鄉的所有東西——都進了他的小袋子裡，我有點緊張。這會是我最後一次看見我的貴重物品還有這位侍者嗎？不過這位壯碩的侍者（他的臉和強健體格讓我想起阿拉丁的神燈精靈，真人版大概就長這樣吧）只是微微一笑，和我說不用擔心，所以我相信了他。他遞給我一小塊肥皂、毛巾和拖鞋，又告訴我衣服該放哪裡，然後就把我推進了洞穴般的石砌迷宮——浴場的內部殿堂。

浴場這時人不多，裡頭有許多房間，大大小小都有，有些提供蒸氣，有些只有水桶和流水。最後，侍者指向一間小小的個人隔間，告訴我可以在那裡泡澡。我已經在的黎波里塵土飛揚的街道逛了幾個小時，這時候很高興能洗個澡。水很燙，蒸氣能提振精神，但最讓我印象深刻的是光線。整間浴場的高處都有窗戶，透進漫射的陽光光束，霧濛濛的老牆壁因而看來幾乎呈透明的金色。我沒有戴眼鏡，看得朦朦朧朧，簡直以為那位精靈真的把我帶進了有名的阿拉丁洞穴。

洗完澡以後，我正在想該怎麼從隔間出去，找到回入口門廳的路，這時魁梧的年輕侍者再次現身，帶著一大塊海綿。他示意要我趴在旁邊的石板上，然後開始用海綿和肥皂搓我的背；我猜這應該是浴場體驗的一部分。我可以感覺有個像大肥皂泡泡的東西沿脊椎上下移動，到頭來讓我覺得自己幾乎就在泡泡裡。搓背按摩的時間不長，不過很舒服。結束之後，我回到門廳，穿好衣服，取回貴重物品，好在似乎什麼也沒掉。現在我可以重回的黎波里塵土飛揚的街道了。

離浴場和市集區不遠處有座山丘，山頂上矗立著一座中世紀的大城堡——聖吉爾斯堡（St Giles Citadel）。風已經平息下來，所以我爬上搖搖欲墜的古堡壘最上層，一覽的黎波里的壯觀全景：城裡散布著數十座清真寺，可以一路看見厄爾米娜灣（El Mina）的港口，也可以看到更遠的地中海。我看見從巴士站到市政廳路上經過的高大鐘樓，於是重拾了方向感，有把握能走回市中心。

我趕回市中心，正好搭上最後一班往卜夏里的巴士；我佔到最後一個空位，是在最前排、司機旁邊的位置。不過，這次司機跟後面一個男人聊得起勁，聲音大到幾乎蓋過了廣播電臺高聲放送的阿拉伯流行樂。司機一邊揮舞雙手，一邊跟後面的男人高談闊論，同時轉過一個又一個髮夾彎，底下瀕臨著數百公尺的落差。這樣的情形經過一小時以後，我從口袋掏出一些衛生紙，緊緊塞住耳朵，試著專心看風景，不要一直注意聒噪的司機。啊，真是幸福的安靜！不過等到搭完車，我試著把衛生紙團從耳朵裡掏出來的時候，唉呀，衛生紙陷得很深，搆也搆不到。

我在卜夏里的小鎮廣場看到計程車司機東尼，告訴他我耳朵陷入的困境，他指給我一間小醫院，就從紀伯倫故居旁的樓梯上去，建議我去醫院看看。

醫院一陣騷亂，因為一個心臟病發的男人剛剛被送進來。等到這位病人獲得照料之後，護理師過來問我生了什麼病。這時我覺得要說自己把衛生紙團塞進耳朵裡拿不出來，真的很尷尬。但我拋開自尊，不論如何還是一五一十告訴了她。她皺起眉頭，斥責說以後絕對不要再做這種蠢事。然後醫生拿了把尖銳的可怕工具過來，一撈就把塞住我耳朵的衛生紙撈了出來。我表示要付費，但醫生拒絕了，說很高興能幫上我的忙。哇，我心想，還有哪裡會發生這種好事？

10 先祖之靈

隔天早上，卜夏里鎮廣場上的馬龍派聖薩巴大教堂預定舉行家庭日彌撒。早在彌撒開始前，小鎮已經不停湧現車流，一大隊警察站在路上，指揮交通，維持秩序。

教堂擴音器高聲放送阿拉伯音樂，樂音迴盪在大教堂中。女孩男孩身穿傳統服飾，到處亂竄，有些孩子手持畫有聖像的旗幟。神父和高階神職人員魚貫而入，我從熱烈掌聲推測馬龍派主教本人也在其中（主教就像羅馬天主教的教宗），主教擔任家庭彌撒的主祭。這是一年一度的活動，很幸運能躬逢其盛；我和對此引以為傲的會眾一同入座，可以看到前方祭臺的全景。

合唱團和會眾都發出悠揚悅耳的吟誦和合唱，祭臺站滿神父，和主教共祭彌撒，除此之外，儀式裡還蘊含一些馬龍派彌撒的元素，雖然和羅馬天主教的禮儀不同，但對我深富意義，例如大家進教堂時不是單膝跪地，而是鞠躬（和我們在臺灣的作法一樣）。我還注意到主教向大家說話時會面向大家，不過向上主禱告時會面向後方的祭臺。

彌撒中的「平安禮」也不一樣：主教先親吻祭臺，再將合掌的雙手放在聖餐杯上，彷彿要從中汲取主的平安。接下來，他將這份祝福傳給下一位神父，神父再傳給彌撒輔祭。然後祭臺侍者走下去，將座位最前排會眾的雙手合掌併攏，繼續傳遞這份祝福；接受祝福的會眾再以相同方式祝福旁邊的人，大家雙手合掌，就像是在禱告。基督的平安祝福就這樣傳給全體會眾。

接下來，聖餐禮結束後，有件相當不尋常的事發生在我身上。我剛回到走道旁邊的座位，其他人領完聖餐後一個接一個經過我旁邊，我注意到當中有位老態龍鍾的嬌小婦人，一身黑衣，和其他人一起飄過走道，同時雙手合掌，像在禱告。走近我的時候，她的雙眼忽然睜大，向上伸手，一隻手放在我的臉頰。我往下看，看見她在凝視我，臉上帶著和藹美麗的笑容。然後她沿著走道繼續往前移動，只有向我一人做出這個美好舉動。

從老婦人的手碰過我臉頰的地方，淚水開始滑落下來。我感到一陣突如其來的溫暖和喜悅，不知道這位婦人到底是誰。她會不會是外曾祖母顯靈？如果是，似乎也很合理。外曾祖母和所有的黎巴嫩祖先一定都很高興我踏上這趟旅行，來到他們的家園，在這場特別的家庭彌撒中，他們正和我同在。或許一些還活著的親戚也在這裡，在座位區的某個位置上。也許我永遠不會認識他們，但那天我們都是一家人。

彌撒結束後，我和大家一起享用免費的午餐，吃教堂外供應的雞肉沙威瑪，這時我看到保羅（撒爾的一位年輕朋友），他剛剛好像在幫忙當教堂接待人員。我問他知不知道一位身穿黑衣的老婦人，還有她把手放在我的臉頰上，是不是有什麼特別的意義？保羅說他沒有注意到我說的老婦人，不過把手放在別人的臉頰上是一種祝福的動作。他又補充說，通常只會對親戚或摯友這麼做。嗯……我心想，或許我說對了：那真的是我的外曾祖母。

11 貝魯特巡禮

星期一那天，我決定回貝魯特，再看看幾個第一趟參觀時錯過的景點。路上我碰到撒爾，他和敘利亞工人正要搭卡車上去雪松公園種樹苗。我匆匆和他道別，帶著沉重的心情離開。我不確定星期五搭機離開前會不會再回來山上，還是會去其他地方旅行，因此我把所有行李都帶上巴士。幾小時以後，我們抵達貝魯特熙來攘往的街道，而我再次入住瑞吉斯飯店。

阿拉丁在飯店大廳開心的歡迎我。我很快就開始向他說起在北部山區尋找親戚的種種，還有結交幾位好友的經過。敘述完我的冒險之後，阿拉丁只是興味盎然的看著我，問說：「你很想念他們，對吧？」然後我才意識到自己究竟有多想他們，我的神情和聲音肯定清楚流露出思念之情。我承認離開山上是個艱難的決定，但我想再多看看貝魯特。阿拉丁聳聳肩說：「我知道想念祖先的土地是什麼意思，你會再回去的。」

那天晚上，我散步了很久，穿過貝魯特的市中心地帶。因為要到九點之後才會天黑，所以我還有好幾個小時可以探訪貝魯特的老城區，老城區是黎巴嫩內戰時戰鬥和轟炸最激烈的地方。內戰期間，一條停火線曾經一度畫過市中心，分隔西貝魯特的穆斯林區和東貝魯特的基督徒區。即使在二十多年後的現在，市區還是看得到一些炸毀的建築物；烈士廣場（Martyrs Square）的大銅像上，彈孔依舊歷歷可見。雖然整平完成的大片郊區土地還在等待將來重建，但市中心多數地區都已經以優雅風格翻修完畢，展現黎巴嫩源遠流長的文化風貌。

漫步穿過貝魯特非常現代（且昂貴）的市集，彷彿置身於大型購物中心——裡頭還有座影城，樣樣俱全。電影院似乎是唯一吸引人潮的地方，除此以外，即使是靜謐街道上的時尚餐廳也門可羅雀。是因為市中心不是個受歡迎的去處（或許由於治安的緣故），或者只是因為時候還早，不到用餐時間？我希望是後者。

隔天早上，我穿過瑞吉斯飯店旁的繁忙街道，去找輛觀光計程車。阿拉丁建議我，去景點觀光的最佳方式是包一天計程車，請司機當嚮導。我已經想好要去哪些地方，所以我把地點告訴第一位走向我的計程車司機（有好多司機走過來，因為觀光客很少），他再飛快丟出幾個景點到我的清單上，報了價錢，然後我們就出發了。

第一站是傑塔溶洞（Jeita Grotto），洞穴位於貝魯特郊區，被提名為世界新七大奇景。林肯（我剛到貝魯特時和我一起散步的同伴）告訴我，傑塔溶洞是他在黎巴嫩最喜歡的景點。傑塔溶洞在貝魯特北邊，離貝魯特只有十一英里遠，據聞此地有著中東最長的洞穴。

計程車司機載我到傑塔溶洞入口，我從入口搭纜車到第一個洞穴，洞穴裡處處是鐘乳石和石筍，輝映著五顏六色的燈光。在下層洞穴中，一艘電動船載我渡過地底湖，地底湖一樣由色彩斑斕的燈光系統照亮。洞穴之外，花園春花綻放，俯瞰下方樹林茂密的山坡。

從溶洞出發，離名人堂蠟像博物館（Hall of Fame Wax Museum）只有一小段路，蠟像館裡有國際名人也有當地名人。這間博物館的獨特之處在於，裡面的蠟像不只能夠說話（有的可以唱歌），蠟像還能移動身體的某些部位，樂得觀眾驚呼連連——觀眾看起來往往比蠟像本身還有意思。

接下來，我的司機阿瑪勒帶我到路邊一間咖啡店，我吃法拉費三明治，他喝咖啡。「我靠咖啡過活，」他說，「這樣就夠了。」吃完東西後，我們前往下個目的地：黎巴嫩聖母像（Our Lady of Lebanon），高大的聖母像俯瞰著離貝魯特不遠的朱尼耶港。一路上，阿瑪勒談起黎巴嫩的政治危機，以及他怎麼看待超過百萬的敘利亞難民湧入黎巴嫩。他說這是複雜的政治局勢，也是艱難的考驗，因為學校和各種社會服務都因大量難民湧現而面臨壓力。儘管如此，黎巴嫩還是希望盡力伸出援手。

不到半小時，我們就抵達了濱海城鎮朱尼耶，朱尼耶的人口絕大多數是信奉馬龍派天主教的基督徒，他們在內戰期間蜂擁而至。基督徒顯然深諳玩樂之道，因為海岸線擠滿了度假村和夜店。長長的纜車線俯瞰朱尼耶海灣，遠遠延伸至上方山區。阿瑪勒向我保證纜車安全無虞，於是我搭上了全程九分鐘的空中纜車，前往位於哈里薩鎮（Harissa）的聖母聖殿。

哈里薩聖殿不收門票，取而代之的是，只要小額捐獻，服務臺的女士就會分送蠟燭。拿到蠟燭之後，那位女士指引我到附近的石窟，我可以在石窟奉獻蠟燭、禱告。這個舉動看似微不足道，其實卻是相當動人的經驗：我體會到我有多麼感激能有機會來到黎巴嫩，造訪親戚，結交朋友，現在來到這個朝聖之地。我只能用這兩盞微弱閃爍的燭光說：謝謝祢。

三十英尺高的黎巴嫩聖母像豎立在比雕像本身更高的基座上，基座高達六十五英尺，周圍是螺旋梯，這時樓梯上有一隊學生一個接一個穩穩往上爬。銅像覆著白漆，製於法國，一九〇七年豎立於山頂此處——顯然費盡千辛萬苦。不只天主教徒，穆斯林也非常尊敬聖母，因此朝聖者的宗教背景相當多元。

我好好欣賞了雕像和周遭景色，居高臨下，眺望下方的地中海，過了一陣子，我才想到司機阿瑪勒可能急著等我回去。回到纜車入口時，阿瑪勒在那裡等我，一邊喝著據他說是今天的第十杯咖啡。阿瑪勒說大多數貝魯特計程車司機成天都在喝咖啡，因為他們要不是等客人等得很無聊，就是想保持清醒，才能在車流中活命。為此我對咖啡滿懷感激。

參觀完聖母像，我們回到貝魯特，阿瑪勒說我們穿過了貝魯特的亞美尼亞區。他說內戰或多或少把貝魯特劃成分隔的區域，一個個家庭被推出原本混居的社區，推進因自身族裔、宗教或政治傾向而受到保護的地區。因此，每個團體都有自己的飛地。

我請阿瑪勒讓我在聖若瑟學院（St Joseph's College）下車，聖若瑟學院建於東西貝魯特之間的分界點，在戰爭年代位處前線。即使到了今天，附近建築物遭到的嚴重破壞依舊清晰可見，不過學院本身逃過一劫。耶穌會（我隸屬的修會）經營著這所享有盛譽的醫學院。

和聖若瑟學院的幾位耶穌會會士簡單打過招呼之後，我過街到對面參觀國立博物館，博物館是棟兩層樓的宮殿寶庫，我在這裡度過剩下的午後時光。雖然這座珍貴的博物館在戰時是前線，當時受到嚴重損毀，但現在已經修復完成，重返榮光。希臘式柱廊由淡黃色石灰岩築成，現在在傍晚的陽光下閃耀不已，不過，內側可以看到彈孔或大砲轟炸過的痕跡，部分古代雕像和馬賽克圖案因而遭到破壞。儘管如此，博物館仍是黎巴嫩文化遺產的瑰寶，展出超過一千件文物。

我最感興趣的是博物館豐富的馬賽克藏品，因為我在臺灣曾經長年投入馬賽克創作，我可以理解製作馬賽克背後有多少困難。和馬賽克一樣迷人的是精雕細琢的雕像和石棺。黎巴嫩民族起源於腓尼基人，腓尼基人是擅長藝術且才華洋溢的民族——我也共享這份遺產。這再次讓我為自己的黎巴嫩背景感到驕傲。

離開博物館後，我沿著靜謐的街道散步了幾個小時，走到市中心和海邊，每過一陣子就停下腳步，跟路邊攤販買杯新鮮柳橙汁。這段時光顯然非常適合反思我漫長的旅程，以及思考下一步想做的事。我剛結束精彩的遊覽，參觀了幾個難忘的景點，但這是我在黎巴嫩剩下幾天想繼續做的事嗎？我依舊很想念山上，也想念山上遇到的新朋友。我整天都在想他們，到每個新景點都會想他們。觀光是一回事，但那和成為家庭一分子完全無法相提並論。等我回到飯店的時候，幾乎已經下定決心要回山上去。

阿拉丁坐在瑞吉斯飯店大廳讀《可蘭經》。我走進大廳時，他抬頭看了我一眼，示意要我在他旁邊坐下。我告訴他，真希望自己會說阿拉伯語，我試著想學幾句話，但成效不彰。於是阿拉丁說：「聽著，我讀幾個段落給你聽。」因此，雖然不懂話語的意涵，但我專心聆聽悠揚起伏的阿拉伯語，心中暗自決定要再試著學學黎巴嫩語。

過了一會，阿拉丁轉向我，問我決定好要做什麼了嗎。我告訴他我還不確定，但我還是很想念山上新結交的朋友，另外我還沒辦法找到外婆的家人，真的很可惜。接下來，出乎意料之外，阿拉丁把他的手機拿給我。「拿去，打電話給你的朋友，」他說，「你之後可能就沒機會打了。」我意識到阿拉丁說得對，也意識到這的確是我想做的事。不過，我伸手去拿手機的時候，阿拉丁沒有立刻鬆手，他抓著手機提醒我：「不談政治，可以嗎？」

我打電話給撒爾，電話接通時，撒爾正在朋友卡瑪勒的蔬果攤。他說大家都很想念我，也都在想還會不會再見到我。我告訴他我也很想念大家，也想再回山上。「過來吧，」撒爾說，「我會做點義大利麵，我們開個派對。」事情就這麼定了，我會回山上去。黎巴嫩還有哪裡能更勝一籌？

隔天早上，阿拉丁幫我叫了計程車，載我到往卜夏里的巴士站。準備動身之際，阿拉丁抱了抱我，按照當地習慣，在我的兩頰輪流親三下。然後他神情嚴肅的看著我說：「記得在網路上給瑞吉斯飯店好評！」我照做了。我在 Agoda 線上訂房網給瑞吉斯五顆星，也留下一則讚許有加的評論。希望其他人會喜歡瑞吉斯飯店，也能得到和我一樣的美好體驗。

12 回到黎巴嫩山

往卜夏里的巴士之旅不像第一趟搭車那麼刺激，不過依然令人驚嘆——特別是巴士司機選了另一條路線：為了送乘客到遠在幹道下方的一個孤立小村莊，車子會往下開到卡迪沙峽谷蓊鬱森林的深處，是我前所未見的地方。我對這輛小小巴士的力量嘆為觀止，巴士快速衝回陡峭的懸崖上，輕而易舉的轉過一個又一個沒有護欄的髮夾彎。光是這趟車程就值得再回一次黎巴嫩山。

入住皇宮飯店後，我想做的第一件事就是再次造訪聖撒柏教堂，買些紀念品。因此，我必須先到鎮上廣場找輛計程車。

計程車司機東尼不在廣場上，不過很快就有另一輛計程車過來了。司機看起來高齡九十好幾，有張和藹聖潔的臉，而我說的話他一個字也聽不懂。我一再試著念出聖撒柏出生地難以發音的村名：貝卡卡夫拉（Bekaa Kafra）。相貌和藹的計程車司機只是微笑的聽我一念再念。最後，我問了一位路過的馬龍派神父，他告訴我正確的發音，聽起來像是「貝卡阿夫拉（Bekaahfra）」。

參觀教堂的時候，司機在外面等我。教堂隔壁有禮品店，從各式各樣的商品中，我挑到一本介紹卡迪沙峽谷的圖文書，這本書概述整個峽谷地區，確實令人獲益良多。之後我回到計程車上。

司機看到我時，再度露出和藹的笑容，看得出牙齒都掉光了。他看起來的確像位聖人。不過，就在我們接近鎮廣場時，一輛車切到他前面，害得這位聖人用英文破口大罵：「該死的司機！」我猜他畢竟還是懂幾句英文。不過，所謂聖潔感也就到此為止。

當天晚上，撒爾再次帶我到花園小屋，煮了義大利麵當晚餐。燈光因為分區限電而關上，所以我們點起蠟燭。撒爾的幾位朋友也來了，我們每個人多少都幫忙準備了晚餐。晚餐開始之前，撒爾彈了一下吉他，然後為客人送上檸檬薄荷水煙。我們一直到晚上十點半左右才真的開始吃東西，吃完的時候燈正好重新亮起來，讓我比較好找到爬上山坡回飯店的路。

隔天，我再次造訪紀伯倫博物館。門口的館員還認得我，於是免費送我進博物館。這次，我花了更多時間好好欣賞紀伯倫的繪畫，畫作有將近兩百幅，掛在博物館各樓層的牆上，展出方式相當有品味。我再度走下通往地窖的樓梯，走向紀伯倫的墓前，感謝這位出色的詩人、藝術家、擁有願景的夢想家，感謝他帶給我和世界的一切。接著，我從博物館出發，又一次漫步在卜夏里的山丘和谷地之間，不過沒有太深入峽谷，因為我怕自己找不到往上回來的路。

到了晚上，我走到大教堂對面的B廣場咖啡廳，咖啡廳籠罩在紀伯倫故居的陰影下。這時天氣已經明顯回暖，廣場擠滿了大票年輕人，他們抽著水煙，坐著吃吃喝喝，或在附近成群站著聊天。大型戶外銀幕放送的黎巴嫩音樂飄蕩在空中，有種派對般的氣氛。

撒爾和他的朋友保羅坐在我這桌，這時一位女服務生走過來，她凝視保羅的雙眼，藉此幫他算命，顯然就像安圖靈那位老太太用咖啡渣算命一樣。接著，保羅指指我，於是女服務生盯著我的雙眼，她立刻宣布：「你是作家，也是藝術家。」她又含糊神秘的補充：「你為別人而笑，但不為自己。」雖然我不確定最後這句話是什麼意思，但我承認我會畫肖像。聽我這麼說，女服務生立刻一把坐在我們前面的位子，要求說：「畫我！」

就像變魔術一樣，我們桌上忽然變出了畫紙和鉛筆，也出現了好奇的圍觀群眾，人潮越聚越多。我向聖撒柏和紀伯倫簡短的禱告，請求他們的幫助，然後就開始著手描繪女服務生豐腴的臉龐。幸好畫出來的成果很像她，而且把她畫得滿好看。不過，女服務生才剛離開，一邊在空中揮舞她的肖像，我周圍的人潮就又變多了，而且我發現面前坐下了一位新的模特兒，等著被畫肖像。

這個情況持續了好一陣子，年輕人排起隊來，等我幫他們畫肖像。每個我畫的人看到成品好像都很開心，雖然在我看來不是每張畫都很出色。你會以為在孕育紀伯倫的村莊——而且大家簡直可以說就坐在紀伯倫家門口——應該會對藝術有更高的標準，超出我的繪畫能力。但是我一邊畫下去，一邊瞭解到這是一種開心的溝通方式，而且肯定幫忙成功「破冰」，讓我能夠遇到更多人。

同時，撒爾點了幾盤大盤的各式小菜，坐下來讓我畫肖像的人便自在的享用佳餚，感覺就像在鄉村市集一樣。不過，等我畫完最後一張肖像畫，大部分的食物也都吃光了，所以那天晚上我吃得不多。

我最後一張畫畫的是羅伊，撒爾十七歲的堂弟，身材壯碩，剛從高中畢業。羅伊讓我看他蘋果手機裡的一些照片，其中包括一幅玫瑰念珠的刺青，寫著「只有神能論斷我」，華麗繁複的畫在他的背上。光靠看看手機裡的照片，你就能在短短幾分鐘內相當瞭解對方，真是令人驚嘆——現在幾乎世界各地都看得到這種文化現象，也成了新一代獨有的破冰方式。

羅伊告訴我，對他自己跟朋友來說，「音樂就是一切」，他們最愛美國音樂。我問他未來打算做什麼，他說山區的前景不好，很多年輕人離鄉背井到城市找工作。這聽起來很耳熟——和我在臺灣山上的教區很像。

「但是我們愛卜夏里，」羅伊補充說，「這裡是我們心之所居。」紀伯倫離開家鄉之後也說過一樣的話。

三位年輕法國旅人坐到我們這桌來，他們計畫隔天早上深入卡迪沙峽谷，踏上為期兩天的健行探險。他們聊起河谷之美，講到他們計畫在下方一間隱修院過夜，我真希望能和他們一起去。不過，我知道他們的旅程早已規畫完畢，再加一個人會像強迫中獎。

我渴切的望著遠方的山崖，山崖現在陷入一片虛無縹緲間，下方的卡迪沙峽谷——近在咫尺卻又遠在天邊——拉扯著我的心；我知道一個人健行下山會太危險，要再爬上來也很困難，特別是因為我年紀大了，心臟還有點毛病。此外，我只剩幾天就要離開黎巴嫩了，所以幾乎沒什麼時間。我試著說服自己已經看夠卡迪沙峽谷了。但是，要是有什麼辦法可以探索峽谷深處……

這時，撒爾彷彿讀出了我的心思，轉向我，靜靜的說：「如果你想去卡迪沙峽谷健行，我可以當你的嚮導。」

「好！」我立刻回答。別管心臟的毛病和其他煩惱了。如果我命將盡，那麼大可結束在探索卡迪沙峽谷的途中，結束在我先祖的土地上——這似乎再接近天堂不過了。

13 神聖之谷健行

隔天一早，我和撒爾在B廣場咖啡廳碰面吃早餐，我們吃扁麵包配優格起司，喝現榨柳橙汁。接下來，我們開始規畫行程。撒爾先向我解釋卡迪沙峽谷的地形。他說峽谷成「Y」字形，「Y」的上面兩撇分別是卡努賓（Qannoubin）和科札雅兩個峽谷。「Y」下面那一豎通向大海，是峽谷的起點。他要我不用擔心——我們不會縱走整個卡迪沙峽谷，因為那要花上好幾天。我們只會在卡努賓一帶健行。

「總共要走多久？」我問撒爾。

「大概十小時，」他回答，「我們天黑前應該回得來。」

「喔……」我開始擔心起來。我有辦法走完全程嗎？撒爾會不會要背我回來？然後我又想：「做就對了——可能不會有第二次機會。」於是，我們出發了——踏上我簡直無法相信能夠實現的健行之旅。

我們沒有走伊芳開車走的那條路，那天她載我往卡努賓峽谷底部的方向前進，向下走了漫長公路的其中一段。相反的，我們踏上撒爾口中的「捷徑」，起點在他的蘋果園，通向下方的河流。

撒爾小心的跳過岩石處處、野花盛開的山坡，跨過潺潺小溪，我則盡可能緊跟在後。撒爾既強壯又有運動細胞，而且顯然平日常爬山。他的年紀只有我的三分之一。不過他非常體貼，看到我蹣跚在後，就放慢步調。我不想被絆倒，所以跨過石頭時必須格外小心，有的石頭很滑。

岩石遍布的山坡很快轉變成大片草原和蜿蜒小徑，兩旁小雪松樹林立。我三不五時抬頭往上看，看看我們走了多遠，看到通往卜夏里鎮的雄偉懸崖——我們剛剛出發的地方——聳立於遠方。我心因喜悅而狂跳不已：我竟然真的在實現這不可能的夢想，而且是和撒爾一起——我新發掘的黎巴嫩人文風情中，最熱愛的一切種種，如今皆可以吾友撒爾為代表。

隨著我們繼續深入峽谷，大地彷彿裂成兩半，兩邊都有高大山脈突起。之後，我們終於走到兩道陡峭山脊之間的平緩小路上，這時撒爾走在我旁邊，告訴我卡迪沙峽谷名字的由來。

「這個名字來自亞當，」他說，「亞當和夏娃被逐出伊甸園之後，他們發現這座峽谷最像他們失去的樂園，因此亞當將之命名為『神聖之谷』。你看得出來他沒說錯吧——這裡確實是樂園。」

撒爾繼續說，這座深谷不只是樂園，在馬龍派天主教徒逃離迫害時，也是他們的避難所。數百年來，馬龍派教徒社群被迫銷聲匿跡的住在洞穴中，才能避免因信仰而遭到殺害。撒爾指著其中幾個洞穴，洞穴從山崖岩壁的壁面鑿成，幾乎爬不上去；祖先當年面臨如此艱辛的處境，真是令人佩服。

我們費盡力氣，終於爬進一個崖邊洞穴的洞窟內，這裡曾經是十字隱修院（Monastery of the Cross）安身之所。從上面三公里遠的古鎮哈得希（Hadchit）過來，也可以走到十字隱修院，不用像我們從下面爬上來。不過，因為我們已經在谷地裡，爬上來比較簡單。撒爾帶了他的小黑狗凱利一起來健行，往隱修院的路上，凱利勇敢跨過一個個巨石，盡全力走在前頭，帶領我們穿行崎嶇山徑。

隱修院依山傍崖建成，現在已經荒廢了，站在廢墟中，我望向峽谷對面，看著遠方三三兩兩散布的房舍。這景象多少讓我想起年輕時住的房子，我的老家一樣矗立在山丘一側，中間一道深深的峽谷把我們和另一側的房屋隔開。我和哥哥最喜歡的，就是在神秘的峽谷裡玩耍，峽谷有深邃的溝壑、狡猾的仙人掌類植物，還有比這些更危險的響尾蛇和蜘蛛。儘管爸媽不希望我們到峽谷玩，但峽谷還是成了我們的秘密基地，是屬於我們的特別世界——而且對我們有磁鐵般的吸引力。我們撞上仙人掌，幾處輕微擦傷，還被蜘蛛咬了幾口，除此之外，我們活了下來。這次健行彷彿呼應了我年輕時的黃金歲月。

我們折回峽谷底部，到了一間露天小餐館，從餐館可以俯瞰卡迪沙河清澈的河水。撒爾規規矩矩的把凱利綁在路邊，他說把狗帶上餐廳的木造露臺不太禮貌。可憐的凱利只好待在後面，耐心的等輪到牠吃飯。

於是我們好好休息，吃午餐，也喝很多水，撒爾一面更深入的講解剛剛走過的卡努賓峽谷一帶。我得知這片山區的多數隱修院現在都荒廢了，許多淪為廢墟。我們剛才參觀的那間隱修院，之前戰爭期間其實曾經被當成射擊場，所以隱修院外牆有部分損毀。儘管卡迪沙峽谷已經被登錄為聯合國教科文組織（UNESCO）世界遺產，但全面修復峽谷所有古老隱修院的機會似乎還是很渺茫。撒爾告訴我，現在首要之務是保存這些珍貴的神聖遺址，以免它們完全湮滅。

午餐過後，我們繼續健行，沿著平行卡迪沙河的小徑前進，直到碰上指向卡努賓隱修院的路牌為止。撒爾告訴我，卡努賓是希臘文，意思是「僧侶居住之地」。這整個地區都是因為這間隱修院而得名——僧侶和隱士之谷。卡努賓隱修院是谷地裡數一數二古老的隱修院，曾經一度庇護數百名僧侶，僧侶散布在眾多的洞穴和石窟中。

往上爬了半小時的山以後，我們終於抵達隱修院，隱修院嵌進山的坡面而建，現在已經荒廢。走進屋裡，牆上畫著美麗但脆弱的溼壁畫，其中最醒目的一幅畫作是聖母加冕為天堂之后，壁畫雖然已有數百年歷史，保存狀況卻好得令人驚訝。撒爾說有一群修女夏季會來卡努賓隱修院住幾個月，所以隱修院才這麼乾淨。

在教堂外四處漫步時，我意外看到一具華麗的玻璃棺，棺裡躺著木乃伊化的遺體。雖然皮膚看起來像皮革，但身體則好像還有生命一樣。撒爾解釋說，遺體在死後若能維持不朽，就是神聖的徵兆。這個人顯然因為這樣的神聖性而聞名，所以他的遺體被留在教堂，呈現自然的木乃伊化狀態，供朝聖者瞻仰。

撒爾帶我從這裡繼續往上，跨越一整段陡峭的岩坡，前往浩卡隱修院（Hawka Monastery），撒爾形容此處「懸在大地和天空之間」。爬上浩卡隱修院的路漫長又辛苦，也是我們健行路線中最危險的路段。其中一段幾乎沒有路跡可循，只有岩坡上的凹口，窄到我們的腳簡直踩不進去。踏錯一步，我們就會墜落下方數百公尺深的河床。幸好小徑旁有繩索，我們緊拉繩索，保護自己的小命。其實比起擔心自己，我更擔心可憐的小狗凱利，不過牠輕而易舉的沿著小徑往上跳，步伐比我要穩得多。

「上面有個人我希望你能見一見，」撒爾說，指著離我們還很遠的平臺，上面有間金光閃閃的隱修院，「是山間的聖人。」我開始懷疑自己是否身在香格里拉，而非黎巴嫩。我即將見到達賴喇嘛嗎？我們漸漸接近上方的平臺，這時出現了由山邊巨石鑿成的階梯。有了階梯，山就比較好爬，我們不久就抵達隱修院外綠樹成蔭的庭院。撒爾再次把小狗拴在欄杆上，他說把狗帶進聖人禱告的教堂不太禮貌。可憐的凱利——總是被丟在一旁。

隱修院的牆壁不是真的以黃金鑄成，儘管遠遠看來很像如此，牆壁是用擁有金色光澤的巨石築成的。不像我們參觀過的其他隱修院，那些隱修院多半年久失修，浩卡隱修院環境整潔，維護良好，外表就像瑞士崎嶇山間的小屋。撒爾告訴我，卡迪沙峽谷的隱士已經所剩無幾，這間隱修院裡就住著其中一位——達里歐神父（Father Dario）。達里歐神父出身哥倫比亞的富裕家庭，如今已在隱修院居住多年，以此為家，拋棄財富和現代社會設下的種種陷阱，來到可以在祥和寧靜之中獨自禱告的地方。

我們走進洞穴般的狹小教堂時，達里歐神父止在後排座位吟誦禱詞，對我們的出現渾然不覺。我注意到他的嘴唇隨著柔和又有韻律的聲音一開一合，而雙眼則閉著。在小教堂參觀一會之後，撒爾帶我回到外面，我們坐在陰涼庭院的長椅上。

「達里歐神父禱告結束之前，我們不能打擾他。」撒爾告訴我。

「他會禱告多久？」我問。

「達里歐神父一天通常禱告十小時以上，」撒爾回答，「不過也許他等等就會稍微休息。」

我們運氣不錯。只經過片刻，達里歐神父就從漆黑的小教堂冒了出來，長滿皺紋和鬍子的臉上掛著大大的笑容，溫暖的歡迎我們。「我就覺得聽到了聲音！」他開心高喊，雙眼閃閃發亮。接著他問我們來自何方。

撒爾自我介紹後，我告訴達里歐神父我是耶穌會的神父，老家在加州，現在在臺灣傳教——此外，我的親戚是黎巴嫩人。

「啊，耶穌會會士！」達里歐神父笑容滿面，抓住了我短短介紹裡的一詞，「就像我們偉大的方濟各教宗。」

「對，」我又說，「只是不像教宗那麼偉大。」

「喔，但不是每位教宗都很偉大，」達里歐神父又說，好像很高興能有機會和我們聊聊，「聖神[12]不同時期給我們不同教宗。有的教宗是聖人沒錯，但有的是罪人。不過，上主通過他們每一個人作工，益於教會，也益於全世界。」

從我們簡短的談話，我得知達里歐神父八十多歲了，拋下一切之前，他曾經在歐洲和美國各地念書、教書，之後成為隱士，搬進這間古老而偏遠的隱修院。

「我在群山之間找到了內在的平靜，」達里歐神父說，「我不會為任何東西放棄這份平靜——就連足球也不例外，足球曾經是我最熱愛的東西。金錢和財產對我而言毫無意義。重要的唯有平靜，還有明白我在奉行上主的旨意。」

我注意到有條電線從遠處山上的村落牽到下方達里歐神父的隱修院這裡。達里歐神父說，他的電用來在小型電爐上煮菜，他吃素。他驕傲的指著隱修院下方山坡的園圃，他一天在園子工作好幾小時。

我問達里歐神父，身為谷地裡唯一的隱士，是否曾感到寂寞。

「喔，附近山上的某處還有另一個隱士。他是我的鄰居，但我們從不聊天，我們只為彼此禱告。禱告是最宏大的冒險。」

撒爾說時間差不多，我們也該繼續我們的冒險了，很抱歉佔用了隱士的時問。

「別擔心，我喜歡訪客。」達里歐神父說，皺紋遍布的臉堆起笑容，「我沒有報紙、廣播、電視，所以只有透過訪客才能知道世上發生了什麼事。不過我對遺世孤立心滿意足，世上萬物我已別無所求。」

接著達里歐神父祝福了我和撒爾。我們跪在聖人般的神父面前，這時我心中湧出

12 譯註：天主教信仰聖父（Father）、聖子（Son）、聖神（Holy Spirit）的三位一體，天主教將 Holy Spirit 譯為聖神，基督新教則譯為聖靈。

一股感覺，覺得好友撒爾就像我的弟弟，即使知道我們相差這麼多歲。能和他一起拜訪山間的聖人，真是無比榮幸。達里歐神父是活生生的典範，彰顯如何透過放棄而獲得平靜和幸福。不知道現今沉迷於手機的年輕人中，會不會還是有人追尋不同的生活方式——放棄財富和享樂，追求更崇高的目標，而非徒具無窮欲望。

我們準備前往健行路線的最後一站，我暗自希望達里歐神父的祝福恢復了我的力氣，因為撒爾指的那條路儼然垂直向上。所謂的路根本是垂直岩壁上鑿出的階梯，通往古老的村莊，村莊現在幾乎完全籠罩在上方雲霧之間。

這段健行路程讓我真正開始感受到自己的年紀——還有心臟！撒爾毫不費力的跳上陡峭的階梯，而我拖著腳步落在後面，喘不過氣。因為心臟狂跳不已，所以有好幾次我不得不停下腳步。我又再次自問：「我真的做得到嗎？我能活下來說這個故事嗎？……」不過，雖然階梯不好爬，但距離不長，我們不久就到達平坦的地區。

撒爾往前跑，我則回頭往下看剛剛爬上來的岩坡。接著我往上慢慢走向古村浩卡，穿過羊腸小徑，走到一處山崖上，可以俯瞰谷地的另一側。我驚訝的發現對面的小村莊看起來很眼熟——是安圖靈！我可以看到教堂和艾利家，還有那棟大房子，坐落在阿公送給姪孫巴韋的土地上。我可以看到整座村莊在遠方山邊分層緩緩向下延伸。我在山崖邊找地方坐下，良久望著安圖靈的美麗景色，完全忘了撒爾，也沒想到他可能會以為我出了什麼事。

我開始想起外婆。雖然我找到了外公在安圖靈的家人，但我仍然不知道外婆的家人身在何方。大老遠跑來黎巴嫩，沒有一起找到外婆的家人就太可惜了。但我甚至不確定外婆來自哪個村莊。是安圖靈嗎？可愛的安圖靈在山崖對面，如詩如畫的舒展開來。還是卜夏里呢？卜夏里這個村名聽起來很像外婆的姓。或者是其他村莊？

過了一會，我注意到撒爾回來了，和我一起坐在山崖邊。他一定知道我已經筋疲力盡。

「河床對面的村子是我祖先的家，」我驕傲的告訴撒爾。

「所以他們住在科札雅峽谷上，」他說，「真可惜我們沒時間健行過去看看他們。村子看起來比實際距離近。不過，有條單向道路可以從這個村子往下，走到安圖靈下方的聖安多尼隱修院。你想走過去嗎？」

「我希望自己還走得動。很遠嗎？」我問。

「大概五公里。不過到了之後，我們必須原路折返，來回就是十公里。你可以走嗎？」

「我覺得沒辦法，」我回答，「尤其最後爬了這段階梯。」

「那我請朋友載我們。他住在這個村子。」

我們手腳並用的爬上山坡，幾分鐘內就到了撒爾的朋友家，朋友名叫塞繆爾，是個結實的年輕人，臉上滿是毛髮，好像只有眼睛露出來一樣。塞繆爾幫我們把水瓶重新裝滿，之後欣然答應載我們到聖安多尼隱修院，如果我們希望的話，他也可以再從聖安多尼隱修院一路載我們回卜夏里。因為我們已經走了九小時之久，我很開心知道最後一段旅程可以改成坐車。

小凱利就沒我們這麼幸運了。撒爾說把狗放到朋友車子的座位上不太禮貌，所以他把苦命的凱利丟進後車廂，然後把後車廂關上。不知道凱利能不能活著出來，但牠肯定希望撒爾偶爾可以不用這麼顧全禮貌。

我們從浩卡村開下蜿蜒的山路，一路上，結實的塞繆爾告訴我聖安多尼隱修院是中東規模最大、最知名的其中一間隱修院。他說曾經有超過三百位僧侶住在隱修院的洞穴和房間裡，吟誦對上主的讚揚，即使到了今天，都還有不少僧侶住在裡頭。隱修院從四世紀以來一直有人居住，傳說是聖安多尼本人帶著僧侶來到這裡，開立了這間隱修院。除了我們今天走的這條路之外，塞繆爾說還有另一條路也能到隱修院，是從安圖靈直接往下；這條路讓隱修院和我祖先的家園有了更緊密的連結。不過，有意思的是，兩條路通往隱修院建築相反的兩側，所以車子沒辦法繼續開到另一邊的路上：隱修院建築擋住了路。

撒爾把不停喘氣的小凱利從後車廂拎出來，把牠綁在樹下，接著我們走進隱修院入口。就像我們參觀過的其他規模小得多的隱修院，聖安多尼隱修院也依著懸崖而建，嵌進山壁裡。不過，聖安多尼隱修院規模宏大，裝飾繁複，狀況極佳，這些在在讓它與眾不同。教堂正面以巨大粉色岩石築成，嵌著美麗的石刻花紋，石造拱頂天衣無縫的融入懸崖天然的石頭。上方是一系列的拱形窗，還有三口鐘的鐘樓。我們走近教堂時，鐘聲響起，彷彿在宣布我們的到來。

「晚禱的時間到了，」塞繆爾告訴我們，「你想參加晚禱嗎？這是僧侶結束一天工作後，聚在教堂禱告的時間。」

我們走進教堂時，我注意到凹凸不平的大片天花板就是裸露的岩壁，一定就跟當初教堂從山邊鑿成的時候一樣，但四周的牆面則用石塊整齊嵌好。祭臺附近有燈光亮起，把周遭一切都變成柔和的金色。我們靜靜坐在教堂後方，聽僧侶開始近乎催眠般的吟誦。

一天健行下來，我完全筋疲力盡，在這一片虔誠禱告的氛圍中，我開始沉思：身為這片山區一度蓬勃發展的活躍隱修院裡碩果僅存且規模最大的一間隱修院，聖安多尼隱修院多麼恰如其分的象徵信仰的堡壘，這份信仰深入聖谷及其子民心中。這是我在黎巴嫩兩週來深刻體會到的信仰——經過代代傳承，傳到阿公、阿嬤家，最後也傳到我自己身上。不論意識到這份信仰的存在與否，信仰體現在祖先的生活中，必定也為我的生命注入活力，使之更加健全，而我也會永遠感激這份信仰的存在。

我們靜靜離開教堂時，塞繆爾轉向我，悄聲說：「我喜歡來這裡禱告，因為僧侶都好有靈性。和他們一起禱告會讓我變成更好的人。」

塞繆爾又帶我們去看隱修院附近幾個有趣的地方。其中一個地方叫作「瘋人洞穴（Cave of the Mad）」，因為過去有精神疾病的人會被帶來這裡，有些人順利痊癒。

但從地上殘存的鐵鍊看來，沒被治好的人會被關在洞穴裡。隱修院另一個迷人的房間放著中東第一臺印刷機。過去幾百年來，聖安多尼隱修院似乎以出版宗教書聞名。

小狗凱利和我們會合後，被丟回後車廂，然後滿臉毛髮的塞繆爾一路載我們回卜夏里；回到卜夏里後，我謝謝塞繆爾載我們一程，也謝謝撒爾帶給我美妙無比的一天。接著，我用僅剩的一絲力氣，拖著沉重的步伐走回皇宮飯店二樓，一頭栽在床上，進入深沉夢鄉。夢裡充滿了群山、花朵、隱修院，隔天早上醒來時，我很感激自己能撐過這趟健行，但不知道塞在後車廂的可憐凱利是否也順利活著到家。

14 外婆的家人

我在黎巴嫩只剩幾天時間，但還沒有找到外婆的家人。撒爾告訴我，他認為卜夏里沒有任何一家人和我外婆同姓。有沒有可能外婆其實出生於安圖靈，和外公出生在同一個村子？我上次去安圖靈的時候為什麼沒有確認這點呢？也許是因為我的心思都被感冒還有拜訪外公的家人佔據了——試著弄清楚誰跟誰是什麼關係——因此忘了這件事。不過，現在我重新下定決心，要再次拜訪安圖靈的親戚。或許他們會有點頭緒。

早上撒爾陪我走到計程車招呼站，在聖薩巴大教堂的高大尖塔前面，重獲新生的快樂凱利跟在撒爾身旁，搖著尾巴，好像已經完全準備好再踏上下一趟健行。這隻頑強的小狗確實熬過來了。

回到安圖靈後，我直接前往瓦佳吉家，瓦佳吉是我在村裡最年長的表親，我想她可能會知道「阿嬤」的事——我們都這樣叫外婆。我不確定阿嬤是否跟阿公一樣，也是安圖靈出身，或者是來自附近的村子。外婆離開黎巴嫩前往美國，已經是遠在一百多年以前的事，所以不太可能有人還記得她，而我也不知道她任何親戚的名字。

我走進瓦佳吉的廚房，看到她正在做罐頭，把從葡萄園摘來的葡萄葉塞進大罐子裡，準備將來做葡萄葉卷[13]的時候用。瓦佳吉一看到我，就開心的抱抱我、親親我，邀我一起吃早餐，享用濃郁的咖啡和糕餅。我們一邊吃，一邊用我的破西班牙文聊天，我問瓦佳吉會不會多少知道我外婆家人的事。瓦佳吉說我應該問問前任老神父，因為他住在安圖靈的時間遠比她久。

瓦佳吉告訴我老神父的家就在附近，不過他現在病重，已經沒辦法開口講話了。我決定不論如何還是去看看那位神父——就算只為他禱告也好。吃完早餐後，瓦佳吉

13 譯註：葡萄葉卷（dolmas）或葡萄葉卷飯，作法是把米、絞肉、洋蔥、薄荷等餡料包進葡萄葉，再放入鍋中，以橄欖油加水煮熟。

帶我往下走到神父家。

我在神父家門前碰到他的一個女兒，他女兒和幾個鄰居坐在外面門廊。我向她自我介紹以後，她就帶我進去見她父親。神父有小孩好像很奇怪，不過有很多馬龍派神父結婚成家。馬龍派神父在成為神父之前，任何時間點都可以結婚，但成為神父後就不允許了。

神父的五個女兒多年前移民澳洲，現在都從澳洲過來看他。她們會回老家是因為父親生命垂危。神父年邁的妻子坐在角落，輕聲啜泣。我為將不久人世的神父禱告，祝福他，他一動不動的躺在床上，而我們全都靜靜站在床邊。老神父不久就要離開這個塵世，到來世[14]去，也會把村子的家族史和他一起帶走——包括我的家族史在內。我來得太晚了。

此時對我而言是個相當激動的時刻，畢竟我正待在這位垂死的老牧者身邊，而他這麼瞭解安圖靈所有人的事情。我靜靜走到屋外，和神父的幾個女兒一起坐在門廊，神父的女兒告訴我他是什麼樣的人——一個好神父、好爸爸——她們看到他即將過世，心中無比哀傷。聊天的時候，我的目光被坐在對面兩個特別好看的年輕人吸引。

一個是二十多歲的可愛女孩，留著一頭淺棕色長髮，另一個是英俊的男孩，長得和女孩幾乎一模一樣。兩人顯然是手足。我和他們聊起天來，他們介紹自己叫瑪利亞（Maria）和馬丁（Martin）。

瑪利亞和馬丁問我為什麼會來安圖靈，我解釋說我是來找外公外婆的親戚，而我一直和阿尼瑟家的人待在一起，他們是外公這邊的親戚。我又說，我原本希望老神父可以告訴我一些外婆家人的消息，但現在已經太遲了。

「你外婆叫什麼名字呢？」瑪利亞問我，「我們的爸爸是村裡的莫克塔（mohktar）——就是村長。也許他可以幫上忙。」

「她的名字是拉蒂菲（Latife）。」我回答。

「那她的姓呢？」馬丁一臉好奇的問。

我告訴他們，結婚前，外婆姓貝夏拉（Beshara）。不過，因為這個姓聽起來跟卜

14 譯註：按照天主教教義，信仰上主的人死後會上天堂，在來世獲得永恆的生命。因此來世（the next world）或來生（afterlife）指的是死後的永生，而非輪迴轉世的概念。

夏里鎮的鎮名很像，所以我以為可能是她到美國的時候出了什麼差錯，誤把鎮名說成了自己的姓。所以她或許來自卜夏里。

「卜夏里沒有人家姓貝夏拉，」馬丁說得相當果決，「貝夏拉家在安圖靈這裡。」

「沒錯，」瑪利亞微笑著說，「而且我們應該再清楚不過，因為我們就姓貝夏拉！」

我看看馬丁，又看看瑪利亞，然後又再看看馬丁，好半晌說不出話來。

「你好，表親！」馬丁和瑪利亞一起笑了起來。

「太難以置信了！」我驚呼，「你們家在哪裡？」

「就在阿尼瑟祖屋上面，」馬丁回答，「我們是鄰居。」

於是一切都合理了。我一直以為阿公是在某個遙遠的村子遇見阿嬤的，但其實他們彼此住得很近，就在同一個村子裡。這是世界上最自然而然的事了，但我卻從來沒這麼想過。

不過，現在我的表親就坐在面前——可愛外婆的漂亮親戚。我等不及要多瞭解貝夏拉家。或許老神父聽見了我的禱告，即使在彌留臥床之際，也讀出了我心底的願望，並且用某種奇妙的方式，把我尋尋覓覓、關於外婆的消息提供給我——就在這裡，在他家前門門廊上！

瑪利亞和馬丁很快帶我到他們家，把我推進貝夏拉家高雅寬敞的客廳。這幢房子顯然不是他們原本的老屋，因為房子看起來太現代化了，但房子透露出一股貴族的氛圍，和媽媽告訴過我的事情吻合——她覺得阿嬤出身的家庭比阿公富裕。這點會不會當年如此，現在依然？

我們發現表親瑪利亞和我有很多共同點。她是個藝術家，現在正在攻讀神學。「也許我會成為第一個女神父，」她開玩笑的說，「不過我其實更喜歡藝術。」我可以瞭解她的想法。

這對年輕的手足把我介紹給他們的爸爸保羅認識；保羅同時也是村長。接著，他的大兒子安東尼歐（Antonio）也加入我們，大家一同討論起家族史。村長保羅告訴我黎巴嫩的貝夏拉家一百多年前是什麼樣子，幫助我想像這對年輕戀人的故事——他們後來成了我的外公外婆。貝夏拉家就是我一直在追尋的「失落的一環」。我的家族史終於理清楚了。

貝夏拉家邀我一起吃飯，我看到餐桌布置得很高雅，擺上了紅酒杯和一道道小菜，但我不得不拒絕他們的好意，因為瓦佳吉提到伊芳表姐希望我過去吃午餐。所以我和幾位新找到的表親道別，保證會和他們繼續用社群媒體聯絡。

前往伊芳家的路上，我注意到一大片草地，四周開著紫花、黃花，離阿尼瑟老家不遠。坐在草地上，眼前是令人嘆為觀止的科札雅峽谷美景，我心想這在以前一定是家庭聚會的好場所。阿公說過他是在家附近舉辦的野餐聚會上遇見外婆拉蒂菲的。或許我現在坐的這片草原小丘就是他們初次相遇的地方！

我一面在草地上休息，一面把剛剛挖掘到的關於外婆的種種訊息串連起來，加上我原本就知道的有關外公的事，慢慢拼湊出阿公和阿嬤的生命史——他們怎麼在安圖靈長大成人、如何前往美國、最後開創新家庭，這個新家庭最終也包括了我自己。如今我已經找到了自己的根源，正適合想想外公外婆走過的迷人旅程，旅程起點是簡單的愛情故事，現在正在我腦海中展開……

15 愛的旅程

外公阿米安（Amien）第一次遇見未來的妻子拉蒂菲時，年約十八歲，拉蒂菲比他小幾歲。雖然兩位年輕人可能曾見過面，但從沒說過話。一直要到外公家附近的那場野餐聚會上，兩人才第一次和對方說話，之後就開始出雙入對。阿公的個性和阿嬤南轅北轍。阿公比較強勢，性急又衝動，但阿嬤靦腆害羞，比較富有藝術氣息和靈性。阿公這麼大膽的人一定讓阿嬤招架不住吧。儘管兩人天差地別，還是墜入了愛河。

拉蒂菲家在札噶爾塔海邊有過冬的房子，家境似乎相當富裕，不過主要的家在山上，以粉色岩石蓋成。拉蒂菲的父母在山上養蠶，用葡萄園收成的葡萄釀酒、做葡萄乾。拉蒂菲會剪下桑樹樹枝，放在蠶的籠子的細鐵絲上面，看一隻隻蠶快速的啃食桑葉。養蠶取絲讓家裡保有穩定收入。

兩人在野餐聚會相識不久後，阿公就向阿嬤求婚了。這位年輕女孩點頭答應了。當時她父母遠在南美，探望她在南美的異母姐姐。父母回國後，對拉蒂菲訂婚一事不太高興，或許他們打算幫女兒找個更有錢的丈夫。不論如何，她的父母最終同意了婚事，兩個年輕人很快就完婚了。

婚禮依馬龍派習俗進行，阿公阿嬤很可能就在安圖靈的村教堂結婚，我也在村教堂參加過彌撒。教堂記錄的保存狀況不佳，加上時間久遠，阿公阿嬤結婚的記錄很可能已經找不到了。當時也沒有出生記錄，因此阿公阿嬤到底是哪一年出生的，大家眾說紛紜。

阿公十八歲那年，哥哥姐姐大都已經離開黎巴嫩。不過，他的兄姐沒有選擇同一個國家，而是分別前往不同國度，大哥約瑟夫（Joseph）去了美國，其他幾個哥哥則去了墨西哥、澳洲、巴西。阿公也想追隨哥哥的腳步，移民國外——但要追隨哪一位哥哥，到哪一國去呢？

一天，一位黎巴嫩商人在密西西比遇見了阿公的大哥約瑟夫，約瑟夫多年前在密西西比開闢了農場。在這之前，阿公家對約瑟夫定居的地點一無所知。旅行商人寫信回黎巴嫩的阿公家，把大哥的地址報給他們。阿公一知道約瑟夫的所在地，又得知約瑟夫有個農場，就決定去美國找大哥。唯一的問題是，阿公從來沒見過約瑟夫，因為這位大哥早在阿公出生前就離開黎巴嫩了。

從十九世紀中葉到第一次世界大戰，黎巴嫩出走的移民潮方興未艾。大部分的山區居民（阿公也是其中之一）生活窮苦，又受到土耳其佔領者和穆斯林入侵者的諸多壓迫。到遙遠國度賺大錢的故事尤其吸引年輕人。

有一半的年輕世代都在這幾十年間移民海外，可能是為了追求更好的生活，或是為了逃離鄂圖曼帝國軍隊徵兵。有些人在國外賺到錢之後會回黎巴嫩，有些人則把移民的國家變成永久的家園，不再回黎巴嫩，就像阿公阿嬤一樣。

黎巴嫩人抵達新國度時往往身無分文，也不會說當地的語言，但不論選哪一行努力通常都能成功，不論是像阿公和他的大哥約瑟夫一樣當農夫，或是像另一個哥哥卡里（Khalil）一樣做商人。這群新移民因為早年在黎巴嫩的經歷，已經習慣貧苦度日、辛勤工作，以勤儉獨立的生活方式聞名。

到了二十世紀初，已有超過十萬名黎巴嫩人移民美國（或者該說是「敘利亞人」，當時的政治局勢下，黎巴嫩和敘利亞仍被劃分在一起，所以大家這麼稱呼他們），其中至少有一半落腳紐約。剩下的人大都散布在各地的大城小鎮。

阿公阿嬤年邁的雙親聽到新婚小兩口決定前往海外，對此相當難以接受。阿公可能是最後一個還留在家裡的小孩，拉蒂菲可能是家裡唯一一個還留在黎巴嫩的女兒。而阿公的父親已經七十五歲了，母親也只比父親年輕幾歲。

前往另一個國度常被形容為「葬禮」，因為父母很可能再也見不到他們的孩子。就阿公阿嬤的情況而言，結果的確如此。所以，阿公帶著新婚妻子搭上船，準備去美國找大哥約瑟夫時，既懷有冒險的感覺，心情也非常沉重。不過，他們的船只會到墨西哥。還要再過一年，他們才會到密西西比和約瑟夫會合。

從黎巴嫩前往墨西哥的航程顯然不是件享受的事，在最便宜的「三等艙」，狀況據說比奴隸船好不了多少。阿公和新婚妻子從貝魯特的港口踏上這趟海上之旅，航程大約八千英里，時間遠超過一個月。阿公說他們兩個大多數時間都在暈船。到達墨西哥前，他們曾經短暫停泊法國馬賽，也經過許多國家。

漫長的旅程中，他們的同胞陸陸續續在不同目的地下了船，等到他們終於抵達墨西哥韋拉克魯斯港（Vera Cruz）時，船上的黎巴嫩乘客只剩他們夫妻兩人。

因為墨西哥不需要移民手續，所以阿公阿嬤在這裡待了將近一年。這段期間，阿嬤曾經生下雙胞胎，遺憾的是，孩子出生不到一週就夭折了。他們是我無緣相見的阿姨或舅舅。

阿公到了墨西哥不久，就和哥哥卡里會合，卡里在幾年前踏上墨西哥；阿公和卡里以及其他黎巴嫩小販一起工作，賣布料、衣服、珠寶。卡里開了一間商店，當時不打算離開墨西哥。不過，阿公說他「不太喜歡墨西哥，覺得在那裡不安全」。阿公有個朋友之前已經到了德州，所以阿公決定前往德州，等人到德州再試著找到約瑟夫。不過，因為阿公沒有文件，邊境巡邏隊拒絕讓他入境。於是他聯絡了朋友，朋友幫他寫信給約瑟夫，說他的弟弟阿米安想去找他。

因為約瑟夫從來都不知道阿公出生的事，所以他回信說他沒有叫阿米安的弟弟。他們又寄了一封信去解釋，約瑟夫很快就再回信了，這次歡迎阿公來他在密西西比州錫爾弗克里克（Silver Creek）的農場。這封信讓阿公得以入境美國，同時要跟哥哥一樣，把姓改成「喬治」，因為這樣比「阿尼瑟」好念，移民官員比較容易發音。阿公在邊境等了一個月以上。

但是，阿公是怎麼找到哥哥約瑟夫的？到了密西西比之後，阿公交上了好運，他自己這麼描述：

「一個敘利亞人走過來問我是誰，我說我是阿米安・喬治。他問我從哪個鎮來，我說安圖靈。然後他問我為什麼要來這裡，我說我來找大哥約瑟夫。他說他認識我在錫爾弗克里克的哥哥。所以隔天他就帶我坐火車去見哥哥。」

雖然阿公初次見到約瑟夫時欣喜若狂，但他發現哥哥已經聽不懂黎巴嫩語了。當時阿公會說的外語是西班牙文（而非英文），所以和失散多年的哥哥溝通上一定很困難。幸好農場裡還有另外兩個人會說黎巴嫩語。後來，阿公說學英文感覺比學西班牙文要難。

過一陣子之後，阿公回墨西哥把年輕的妻子接來，卻發現所有財物都被盜賊偷光了，包括阿嬤珍貴的結婚禮服也失竊了，那是阿嬤一路從黎巴嫩帶來的。

阿公和阿嬤在約瑟夫的大片農場上住了一年。在密西西比州錫爾弗克里克的農場上，約瑟夫教阿公怎麼種田，阿嬤則向約瑟夫的太太羅莎（Rosa）學習怎麼持家，羅莎天生燒得一手好菜。雖然約瑟夫願意送弟弟一棟房子和一部分土地，但阿公希望自力更生，因此搬到不遠的小鎮布魯克黑文（Brookhaven）。

阿公在鎮上租了房子，然後再次賣起布料、衣服。另一個哥哥卡里這時也在鎮上定居下來，一樣做起布料生意。阿公挨家挨戶四處推銷，阿嬤則顧著小小的商店。雖然當時敘利亞移民常常四處兜售商品，但阿公不喜歡這種工作。

阿公骨子裡是農民，熱愛作物和動物，因此深受布魯克黑文鄉間的開闊原野吸引。阿公和阿嬤當時有了孩子，喬治家的人口正在增加，他們需要屬於自己的地方。

不久後，阿公完全不再兜售衣物，改而參加起拍賣會。他在拍賣會上買賣馬匹、驢子等動物，賺取微薄利潤。

對於動物與牠們的價值，阿公直覺頗準。他賺夠錢之後，立刻在布魯克黑文買下二十英畝的農地，每次賺到錢就再多買一點地，直到最後擁有大約八十英畝地為止。當然，土地那時很便宜。

阿公和阿嬤為家裡找到一間合適的房子，在屋旁蓋起紫藤花架當裝飾，紫藤花架原本架在他們土地的一大片青青草原上。他們買下房子後，大部分的孩子都在這間屋裡出生。

幾年之後，房屋燬於火災。起火時是白天，不過，雖然有些小孩當時正在屋裡，但大家都平安逃了出來。他們什麼也沒能搶救下來。阿公有保險，但給付金額杯水車薪。有位鄰居慷慨的讓他們借住在她家，不收房租，直到他們蓋好新家為止。

阿公用自己農場的木材來蓋新家。房子蓋得很牢固，他們的七個孩子都在這裡長大。房子至今依然屹立不搖。

因為阿公只有家人可以幫忙農場的工作，沒有其他幫手，所以對孩子很嚴格，有時甚至很殘酷。相反的，阿嬤溫柔和藹得多。我從和艾德琳阿姨錄下來的訪問中，瞭解很多阿嬤和她年幼孩子的事，得知他們在密西西比成長歲月的種種細節。

艾德琳告訴我阿嬤刻苦耐勞又親切隨和，從來不會大小聲，也不會打罵小孩。而且阿嬤相當聰明有見識，每個和她相處過的人都喜歡她。

阿嬤也是注重靈性的人，雖然孩子小的時候，她為了照顧家裡很少上教堂，但她堅持讓孩子都參加禮拜儀式，甚至把其中幾個孩子送進聖方濟私立學校——在那念書要繳學費——接受了幾年基礎教育。每天晚上，不管白天工作多辛苦，阿嬤都會跪在床邊，念誦《玫瑰經》。

阿嬤會唱黎巴嫩情歌給孩子聽，再向他們解釋歌詞的意思。不過，阿嬤和阿公都不教小孩說黎巴嫩語。這是因為他們聽說，出身不同族裔的孩子，如果父母一直只講母語，孩子最後會落得一口破英文。阿公阿嬤不希望自己的孩子變成這樣，所以他們總是講英文。

對有大片土地但沒什麼錢的大家庭而言，農場生活並不容易。雖然最大的幾個孩子都是女孩，但她們必須在農場賣力工作，做和男人一樣的苦工。孩子們天一亮就起床，下田工作，一直工作到該去上學的時間。他們鋤地耨田、疏除[15]玉米、採棉花或是任何當季可以採收的作物，完畢後回家梳洗。當時家裡沒有浴缸，所以他們要在後門門廊的大水桶裡洗澡。阿嬤會幫他們洗衣服，但如果他們沒衣服可以替換，就要在上學前把衣服熨好。

接著大家就去上學了，單程要走二點五公里，走上山坡再跑下來。放學後，他們

15譯註：疏除（thinning）是一種農法，指除去植物的部分枝葉，利於植物的整體生長。

必須直接回家，沒有機會玩耍。有時候他們得跟同學借課本，因為沒有錢買自己的課本。晚上他們熬夜到深更，挨著油燈燈光念書，念到眼睛再也張不開為止。大家念完書就上床睡覺——除了一個特別用功的孩子莉莉（Lily），只要還撐得住，莉莉就會繼續看書。

星期六是最辛苦的日子，因為他們必須整天工作。不過星期天可以休息，而且阿嬤星期天一定會煮豐盛的晚餐。或許家裡手頭不寬裕，但阿嬤一定會讓家人好好吃飽。

孩子們完成學業以後，一個接一個搬離布魯克黑文，到美國各地工作或深造。不過，最後大部分的孩子都回到「農場」，在阿公答應回來就分給他們的土地上，蓋起自己的家。但莉莉——我的母親——定居加州，再也不曾回布魯克黑文生活，儘管如此，多年來她常常帶我們去密西西比，讓我們三兄弟可以認識密西西比的親戚，我們也喜愛他們。

我對喬治家的阿嬤印象非常深刻，是因為一次布魯克黑文之旅，當時我年僅三歲。年幼的我很怕生，認識新的人對我而言很困難，所以我第一天幾乎整日都躲在阿公家大大的餐桌底下。我甚至不願意出來吃飯。直到阿嬤開始跟我講話，我才被哄著跟她進廚房，看她煮菜。從此之後，我幾乎總是緊緊黏著她。阿嬤有種特質，滿懷善良和慈愛，你就是會想親近她。

一九五一年，阿嬤死於心臟病，享壽六十二歲。媽媽去密西西比參加葬禮，爸爸則待在家照顧我們。那是我唯一一次看見爸爸流淚。「她是這麼好的人。」爸爸含淚對我們說，我們則伸手擁抱他。

這就是我外婆的故事。現在，坐在阿嬤出生的土地上，我可以感受到她的精神在我體內綻放，就像身旁草地上盛開的紫花和黃花。阿公固執的決心和阿嬤務實的靈性都化為我個性的一部分，我很感激他們賜予我的種種。不過，阿公的故事還沒結束。

阿嬤過世幾年以後，阿公和一位親切的女士再婚，原本打算由這位續弦照顧年事日高的阿公。但阿公依然活得比第二任妻子久，沒有什麼衰老的跡象，大部分的農場工作還是親力親為。我們夏天照舊去布魯克黑文作客，只要時間允許就去。對我們三兄弟而言——阿公有點不以為然的叫我們「城市男孩」——待在農場和雞、牛、馬、豬等各種動物作伴，真是獨特的經驗。阿公一定同時養了大概一百頭牛，我和哥哥傑瑞會幫牠們取名字，能取幾隻就取幾隻。阿公偶爾會帶我們去母牛拍賣會，我們會見識阿公怎麼買賣動物，儘管拍賣會主持人講話快得不可思議，阿公還是跟得上拍賣會節奏。

妻子和大兒子在幾年內相繼過世，讓阿公相當傷心，除此之外，最讓他傷心的另一件事應該就是失去土地了。政府計畫開一條公路，公路會筆直穿過他的土地。身為農夫的日子，阿公陸陸續續買下了八十英畝地，實在難以割捨，他盡可能堅持到最後一刻。等到他終於同意出售土地時，政府給他的錢比原先預期的還多。此外，他也能夠保留一塊二十英畝的地，足以養些動物。不過，其他的土地都必須賣掉。

阿公把賣土地拿到的錢平分給還活著的六個孩子。媽媽分到的大筆慷慨金額真是幫了我們大忙，特別是因為爸爸幾年前過世了。阿公的禮物讓哥哥傑瑞和我知道，即使我們不在，媽媽和弟弟也衣食無虞，所以我們後來可以安心進耶穌會修院，為了成為神父而苦讀，不必擔心家人經濟陷入困境。

幾年後，阿公又賣了一部分土地，收入再次平分給所有喬治家的孩子。這讓媽媽邁向老年之際非常有安全感。對於阿公睿智的在多年以前買下土地，又慷慨的讓孩子和他們各自的家庭可以分享出售土地而得的財富，我們真是感激不盡。說起來，我們收穫了阿公耕耘的成果。

喬治阿公一生過得長壽又充實，而且非常硬朗。他矮小精悍的身軀幾乎沒有一絲贅肉，臉孔則接近零皺紋，即使年屆高齡依然如此。到了阿公老的時候，差不多所有布魯克黑文的人都認識他，他在母牛拍賣會上特別受歡迎——阿公一直繼續參加拍賣會，直到真的去不了為止。

阿公十分幽默風趣，喜歡開懷大笑，不過他偶爾也會固執起來，特別是遭遇農場生活無可避免的挫折時。他的脾氣隨年紀老去逐漸變得圓融，但虔誠信仰則益發堅定。

阿公是每週彌撒的固定班底，身邊簇擁著成群兒孫，光是阿公和阿公的家人感覺上就佔滿了小小教區教堂的一半座位。

一九八七年，親朋好友為阿公慶祝九十九歲大壽，這時阿公依然身強體壯，只因為一次小手術住過幾天院。阿公在過世的前幾年，搬到最小的女兒凱瑟琳

（Catherine）家隔壁。凱瑟琳一直是阿公的主要照顧者，直到阿公一九九〇年安詳辭世，享有遠超過一百零二歲的高壽。多麼精彩的旅程啊！

16 從彼山到此山

我從追想中回過神來，起身離開安圖靈綠草如茵的小山丘，走到不遠的伊芳表姐家，她們家正準備開始吃午餐，午餐是一大鍋各種剩的烤肉煮成的大雜燴。伊芳從鍋裡慷慨的舀了一大盤肉給我。我平常肉吃得不多，甚至完全不吃，但伊芳堅持要舀滿滿的食物給我，我有點不好意思解釋自己的飲食限制。雖然綜合肉類很美味，但我擔心腸胃會有不妙的後果。

果不其然，隔天早上我鬧起肚子了。因為我為人客氣，所以不太願意讓表親知道這些。那天後來，伊芳載我回卜夏里的皇宮飯店，瓦佳吉陪我們一起回去，我差點來不及及時回到房間。我迅速的和她們道別、擁抱、親吻，然後衝進廁所。之後是悲慘的一晚。幸好搭機回家前還有一天可以調養。

隔天，撒爾過來邀我到花園去……再來一場烤肉派對。我一點也不想吃東西，但我怎麼能拒絕好友撒爾呢？我奇蹟般的撐過這頓飯。我向撒爾說明自己肚子不舒服時，他告訴我馬鈴薯是一帖良藥。確實如此。吃了幾個撒爾的烤馬鈴薯之後，我覺得好多了。

撒爾的年輕朋友——薩米爾、保羅、大衛——也來和我們一起烤肉。之後，他們問我想不想參加音樂節，就在附近的哈得希村。想到黎巴嫩音樂和跳德布卡舞，我完全無法抵抗，因此便欣然同意。

哈得希離卜夏里有十分鐘車程，我們到的時候，音樂節已經熱鬧開鑼。長長的石階從幹道向下，通往下方的古鎮，俯瞰聖谷。音樂節舉行的地方是教區教堂旁邊的開闊露天廣場。黎巴嫩音樂從喇叭高聲放送，百人左右的一長列德布卡舞者穿越整個廣場，四處舞動。

參加音樂節的人看起來都很年輕，至少比我年輕多了。大家活力充沛無比，每個人都又唱又跳——除了撒爾和他害羞的朋友。他們只是站著旁觀——一直看一直看——但沒有加入其中，所以我也跟著旁觀。

將近一千人擠在教堂廣場狂歡，很多人顯然因為源源不絕的新鮮亞力酒而精神百倍，到處都喝得到亞力酒。雖然我很想加入大家一起跳舞，但我意識到自己身為撒爾和撒爾朋友的客人，應該跟著他們行動，而他們只是害羞的旁觀。

過了一會，撒爾說差不多該回去了。我始終不知道為什麼他和他的朋友那晚這麼不願意跳舞。不過，對我而言，光是置身其中——得以觀看——就已經心滿意足。而且，誰知道呢，蹦蹦跳跳的德布卡舞也許對我依舊脆弱的腸胃不太好呢。

隔天早上，我的身體康復了，真是很幸運，因為這是我在黎巴嫩的最後一天，接下來要坐很久的飛機才能回到臺灣。我中午前要搭巴士回貝魯特，才趕得上飛機。

和好友撒爾道別，心情真不輕鬆；撒爾要我保證我會再回卜夏里。我告訴他，一如紀伯倫所言，卜夏里已成為「我心之所居」，我會再回來的。我手上拿著敘利亞人送我的小雪松苗。「看雪松茁壯成長時，想起我吧，朋友，」撒爾看著樹苗說，「你在我心中。」

阿公（左）與阿嬤（右）新婚不久就離開黎巴嫩，前往美國開拓新家園。我的黎巴嫩之旅，就是為了探尋外公外婆遠在黎巴嫩的根源，尋找我未曾謀面的親人。

上圖｜貝魯特是向地中海突出的海岬，白鴿岩是此地海岸的代表地標。

下圖｜濱海大道是貝魯特的熱鬧地段，綿延將近五公里，早上遊人還不多。

飯店的櫃檯人員阿拉丁，來自敘利亞阿勒坡。他明白「想念祖先的土地」是什麼意思，後來在我尋親的旅程中推了我一把。

貝魯特的黃昏街景。由於黎巴嫩曾受法國統治多年，此地有股歐洲的氛圍。

抵達黎巴嫩不久，我便離開貝魯特前往北部山區尋找阿公與阿嬤的老家。山上的巨大岩石閃耀著金黃光芒。

蜿蜒的山路一路通往卜夏里（上）。我投宿的飯店左邊就是聖薩巴大教堂（下），據說是黎巴嫩最大的馬龍派教堂，紅紅的圓頂和尖塔是全區的焦點。

卜夏里是詩人、藝術家紀伯倫的出生地。我造訪了彷彿嵌入山壁的紀伯倫博物館，這裡原來是隱修院，現在是大詩人的長眠處，館外有著紀伯倫頭像。

表甥艾利（上圖右）與母親尤拉在安圖靈村聖母升天教堂裡合影。教堂目前是尤拉負責管理。艾利與村裡其他年輕人都有清澈單純的眼神（下圖）。

聖母升天教堂離艾利家不遠，以金色的岩石建造，應該就是阿公出生受洗的教堂（上）。安圖靈小村的屋舍只有幾條小路連接，與自然為伍（下）。

走上這段長長的樓梯，我終於到了阿尼瑟家的祖屋。

我站在祖屋的院子裡。祖屋目前空無一人，只剩下回憶。

表姐伊芳的外孫優瑟夫（左）與父親向我展示國民飲料亞力酒的蒸餾方式。

遠房表姐伊芳（左），為人熱情。她與路邊的神父攀談起來，兩人一下就有如好友。

堂姨瓦佳吉八十多歲了，散發著愛與溫暖，令我想起母親的幾位姐妹。

瓦佳吉和她能解讀咖啡渣的朋友。這位女士有張表情豐富的臉，掛著淘氣的微笑。

有幸在卜夏里參加盛大的家庭日彌撒。這一天，我覺得自己見到外曾祖母顯靈了。

卡瑪勒的父親盛裝出席彌撒，風度翩翩。

年輕的撒爾是雪松園管理人，我後來與他成了好朋友。

阿嬤曾說她住得離雪松林很近。雪松是黎巴嫩的象徵，也建起這個偏遠山區與世界的橋梁。

聖安多尼修道院是僅存的僧侶社群，只有這裡還繼續住著一些僧侶。

我和我的健行嚮導撒爾自拍，稍遠處可以看到卜夏里聖薩巴大教堂的圓頂和尖塔。

兩位老者在卜夏里路邊交談。

以穆斯林信仰為主的的黎波里，這裡和山上不一樣，氣候炎熱，現榨果汁攤前顧客很多。

找到阿公的家人後，我曾回貝魯特一帶，參觀一些錯過的景點。黎巴嫩聖母像坐落在山頂（上），俯瞰離貝魯特不遠的觀光重地朱尼耶港（下）。我奉獻了兩盞微弱燭光，為此行向聖母致謝。

第二部

此山

17 母親的故事

眼眶含著淚水，我搭上往貝魯特的巴士，再從貝魯特直接轉搭計程車到機場。現在旅行已告一段落，但對旅途中種種事件的反思才剛要開始。坐在機場出境大廳，我一面閱讀介紹卡迪沙峽谷的書，一面思考這趟旅行的意義。我不停的想，一再思考——回臺灣的整路上都在想，接下來的數週、數月也不停思考。然後我漸漸明白自己生命中發生了非常重大的事。

我初次接觸到自己黎巴嫩身分的根源。我不只找到了外公外婆的老家，也找到了一家子親朋好友，他們某方面說來和我很像。卡迪沙峽谷蘊藏雄偉的教堂和岩石鑿成的古老隱修院，是一道靈性的源泉，我的血脈也由此發源。或許我以前好奇過自己想要沉思的欲望從何而來，現在我明白了。

但最重要的是，在黎巴嫩的這兩週教會我感恩自己已經擁有的種種，特別是充滿愛的家人，大家四散在世界各個角落，溫暖又關心彼此。雖然有些家人已經離開人世，但他們無疑會繼續從天家降下愛和關懷。

雖然現在看不見祖先的靈魂（或許只有卜夏里那次非常特別的家庭彌撒除外），但我仍然感受到他們的存在。他們一定看到了我，而且一直都在那裡守望著我、等候著我。

回到臺灣的住處，我仔細思考黎巴嫩山和清泉的相似之處，前者是我才剛告別的地方，後者則是我度過大半人生之地。兩個山區都位於高海拔，覆滿常綠植被，離海邊也一樣遠。卜夏里和清泉這兩個村名都是以流水之意命名。更重要的是，黎巴嫩和清泉的山上都住著世界上最和善、最好客的一群人。

我也思考自己怎麼從加州的山丘來到臺灣的高山。這是偶然嗎？——還是冥冥之中有股神秘力量吸引我走向山區？我從祖先和父母身上傳承了天主教的信仰，這份信仰最後帶領我走進修院，為成為神父而苦讀。同樣也是這份信仰，以及傳播這份信仰的願望，帶我來到臺灣，最終落腳清泉。

媽媽在過世前幾年，曾經寫了一封短信給我們幾個孩子，囑咐我們在她死後才能打開。那封信裡，她的結語寫著：「雖然我們彼此住得很遠，但世界變得越來越小，所以我希望你們永遠做一家人。」最後四個字還畫上底線。

所以此山的故事，要從我的媽媽說起。

我的母親莉莉生於一九一五年，出生在外公外婆位於密西西比州布魯克黑文的小農場，在七個孩子裡排行老三。早年在農場的生活並不輕鬆，母親和四個姐妹辛勞工作，不輸兩個弟弟。家裡一直沒什麼錢，幾個姐妹的洋裝都是用舊麵粉袋做的。儘管家境貧困，母親的學業表現很好，也決定繼續深造。高中畢業後，她向伯伯卡里借了一百美元，好繼續念商學院，之後在堪薩斯州的西聯[16]辦事處找到一份事務員的工作——正巧就在父親住的城鎮。

雖然外婆溫暖又慈愛，但外公非常嚴格，鮮少對孩子流露關愛之情。媽媽說阿公

16 譯註：西聯匯款（Western Union）一八五一年成立於紐約，專精電報和匯款服務，其中電報業務已於二〇〇六年終止，現在主要提供跨國匯款服務。

唯一一次表現出自己在乎她，是在她要離家念大學的時候。阿公跟媽媽說：「如果你改變心意，隨時可以回家。」那是外公最接近表達出自己關愛媽媽的一次。知道這個故事讓我更能明白為什麼媽媽總是特意展現出對我們每個孩子的愛，她在這方面不想變得跟她爸爸一樣。不過，我得幫外公說句公道話，隨著歲月流逝，他逐漸磨去稜角，成為非常慈愛的老人。

媽媽是在擔任西聯辦事員的工作期間認識爸爸格蘭（Glenn），爸爸那時剛結束海軍陸戰隊的四年役期，回到堪薩斯州的家。爸爸頻頻造訪西聯辦事處，那時候媽媽還以為爸爸喜歡的是她一個金髮碧眼的美人同事，而不是她。不過，同樣藍眼睛、白皮膚的爸爸，卻受到膚色較深、眼睛棕色的媽媽吸引，顯然是異性相吸之愛。媽媽告訴我，她實在很難相信像爸爸這麼帥的人竟然會對她有意思。不過，從媽媽年輕的照片看來，媽媽長得也很漂亮，只是她當時可能對此毫無自覺。

父親一九一二年出生在堪薩斯州的小鎮尼歐德沙（Neodesha），是典型的「美國人」——也就是祖先來自英格蘭、法國、瑞典、愛爾蘭。高中畢業之後，他在當地的社區大學念工程。念大學的這段期間，他的爸爸在開採石油時意外身亡。心中一片茫然的父親於是加入了陸軍工兵部隊，幫忙設計附近的公共水庫。之後，二十二歲時，他加入海軍陸戰隊，被派到加州聖地牙哥接受基礎訓練。他很喜歡聖地牙哥——特別喜歡那裡溫和的氣候和沙灘，和堪薩斯截然不同——還把這座美麗的城市設想為未來的家園。在新兵訓練營的時候，他喜歡和其他海軍陸戰隊的阿兵哥一起打拳擊比賽。

父親的第一個派駐地是關島，他在關島待了一年半。很多派駐關島的軍人好像一放假就大肆喝酒，有時候會鬧事，所以父親的其中一項職責就是把這些軍人管好，有點像是警察。閒暇時，他會拜訪關島的原住民，也很喜歡他們。他常常受邀參加原住民的派對，派對上通常只有他一個人不是原住民。放假時，他也會探索島上的山區。

他的下一個派駐地是上海，他在上海待了一年多，保護租界的外國公民。這段期間，華軍和入侵日軍的戰事正步步逼近上海。之後，父親告訴我們，從海軍陸戰隊駐地觀看近在眼前的空戰交鋒，真是一生中最刺激的畫面。因為父親是扁平足，不可能有機會當飛行員，近距離看飛機俯衝交戰的壯觀場面，就是僅次於自己開飛機的快事了。

經過海軍陸戰隊的四年役期，父親迫不及待想要回家。他在寫給母親和兩個姐妹的信裡（他的家人把信都保存下來，我後來也讀了信），從來沒有一句怨言，他對所有事都處之泰然，不管派駐在哪裡、不管獲派什麼工作，他也總是盡量從中取得最多收穫。不過，他當然思鄉情濃。

母親和父親只交往了短短時間就步入婚姻，他們一九四〇年結婚，在當地教區神父的辦公室舉行私人典禮，只有幾位賓客參加。因為父親不是天主教徒，根據當時的規定，婚禮不能在教堂舉行。不過母親當然毫不介意，她說這依舊是她一生最快樂的一天。

父親在聖地牙哥做飛機的大工廠康維爾（Convair）找到了工作，於是這對新婚夫妻從堪薩斯開車橫跨美國，一路開到聖地牙哥。父親已經是有才能又經驗豐富的工程師，對空氣動力學滿懷熱情，他很快就成為飛機組裝的檢查員。

雖然父親家裡信奉基督教衛理公會（Methodist Church），但他之前對上教會不太感興趣。母親說當時他們剛搬到聖地牙哥不久，有一天她要父親帶她到天主教教堂，於是父親找了一間天主教教堂，放她下車，然後自己在附近開車兜風，一直繞到該來接她的時間。父親一連幾個星期天都這麼做，之後開始覺得孤單，也有點無聊，所以他決定陪母親參加彌撒。他喜歡禮拜儀式，也喜歡講道和神父。過了不久，他開始遵循起天主教的訓令、受洗，自己也成了天主教徒。

大哥傑瑞一九四二年出生。當時，媽媽和爸爸在聖地牙哥市中心附近租一間小房子。大兒子出生不久，他們就搬到中城區的小山丘上，可以俯瞰港口，一九四五年我就在這裡出生。五年後，我們家找到了另一座山丘上位於街角的兩層樓老屋，花一萬美元買下房子。房子亟需修理，爸爸立刻著手油漆和翻修房屋。

爸爸和媽媽都和善又慈愛，但該管教小孩時也絕不遲疑（就我們當時看來，好像常有這種時候）。媽媽會用棍子，爸爸直接用手，後者效果更好。爸媽都會念故事、說故事給我們聽，讓我們從小就喜歡文學。就跟五〇年代的大多數媽媽一樣，我們的媽媽也煮飯、烘焙、做家事，待在家裡照顧孩子，沒有出外找工作。為了打發我們上學的時間，媽媽開始參加有獎徵文比賽，幫各種家用產品寫精妙的標語或說明。爸媽唯一離開我們身邊的一次，是因為媽媽為自己和爸爸贏得一趟墨西哥之旅。他們不在家的時候，我們很想念他們，但後來我知道爸媽甚至更想念我們，還說以後再也不離開我們。

對我和哥哥而言，一天中最快樂的時光就是爸爸下班回家的時候。我們下午會等他回家，等爸爸走上家門前的樓梯，我們就會衝到他身邊，第一件事就是翻他的口袋，看看他有沒有帶什麼東西給我們。有時候，他會讓我們看康維爾計畫製造的新飛機的設計圖。爸爸熱愛飛機，對工作總是滿懷熱情。

但我們一家的黃金時代轉瞬即逝。一九五二年，爸爸被發現長有黑色素瘤，這是一種致命的皮膚癌。雖然他肩膀上的腫瘤切除了，但癌細胞已經擴散開來。他很快就無法繼續工作，必須在家休養。他會走到我們家靠近峽谷這一側，遙望遠方的工廠，看飛機起飛、降落，心裡躁動不安。

爸爸的醫生告訴他，如果他飛到紐約市的紀念醫院，或許還有一線希望，紀念醫院是當時美國頂尖的癌症中心。媽媽想和他一起去，但因為她那時已懷有五個月身孕，爸爸勸她和我們一起待在家，自己隻身踏上旅程。但結果爸爸沒辦法住進紀念醫院，而且若非陌生人好心相助，恐怕會客死紐約街頭。

媽媽一沒有繼續收到爸爸的信，就開始擔心起來，因此請鄰居照顧我們，自己飛到紐約找爸爸。媽媽找了好一陣子，終於在一間小醫院找到病危的爸爸，當時登記的名字拼錯了。接著，她必須說服態度堅決的航空公司，讓爸爸搭機回聖地牙哥。航空公司一開始拒絕她，說不能讓病人搭上飛機。媽媽知道坐救護車回聖地牙哥時間太長，爸爸會熬不過去，因此她堅不退讓。雖然媽媽生性內向，個頭嬌小，但航空公司對這位不屈不撓的嬌小女子束手無策，媽媽總算順利達成目的。飛機把爸爸載回聖地牙哥，我們得以在他過世前，在當地醫院見他最後一面。

爸爸的死改變了我們的生命。對哥哥和我而言，這在我們心中留下一個大洞，只有上主能夠填補。爸爸過世後三個月，媽媽生下第三個孩子，以爸爸的名字將他命名為格蘭，弟弟格蘭長大後，好多地方都跟爸爸很像。

除了社會安全保險津貼、一小筆慰問保險金，還有我們仍需修理的老房子，媽媽幾乎沒有任何資源，她只能運用手邊的少少資源獨力扶養三個兒子。後來，她告訴我們，她每晚都祈求兩樣東西：智慧和耐心。失去摯愛的丈夫，她心碎無比，她說，她現在只為我們而活——我們也知道她真切的愛。

媽媽試著為我們每個孩子尋找機會，讓我們可以精進自己感興趣的事，不論是音樂、藝術（哥哥和我喜歡的），還是後來的機械工程（弟弟喜歡的）。她也希望我們學會游泳，因為她自己從來沒機會學游泳。不過，最重要的是，她希望我們快樂。她告訴我們，不爭第一也沒關係，只要盡力而為就好。

媽媽幸運的在持家和秘書技能上很有天分，總是能夠妙筆生花。當時很多公司會辦有獎徵文比賽，用來尋找促銷產品的好點子。媽媽是二十五字「產品愛用心得」類的寫作專家。她個性務實，會先看看提供的獎品是不是家裡需要的，然後才開始動筆。通常她都能贏得大獎。

爐子壞掉的時候，媽媽會參加比賽，贏回新爐子。我們需要腳踏車的時候，她會贏一輛回來（事實上她贏得了五輛）。收音機、冰箱、冷凍櫃、熱水器、鞋子、衣服，都是她贏過的獎品。她還曾經贏得一趟免費的迪士尼之旅（我們說我們真的需要這趟旅行）。但她贏過的最大獎是一輛新車——五四年的雪佛蘭——正好在家裡的舊車最後一次拋錨時及時報到。以前每次媽媽得獎，爸爸都會說她是「老大」。媽媽覺得或許爸爸從天上特別助她一臂之力，讓她能夠繼續連戰連勝。

弟弟格蘭出生之後，媽媽漸漸「淡出」賽事，開始自願幫忙秘書工作。在當地的教堂工作一段時間後，她最後被好心的神父雇用，領有一份薪水。這筆錢可以貼補家用，因為我們每個月收到的福利津貼相當微薄。

每個月月底，即使一邊為襁褓中的弟弟哺乳，媽媽也會把我和哥哥叫到身邊，和我們逐一檢討當月收支。她會讓我們看小小的家計簿，我們可以看到自己在哪些東西上花了多少錢，戶頭還剩多少錢。然後她會告訴我們哪些地方要再更節省一點。這往往表示我們不能再去看電影，或甚至不能剪頭髮。媽媽把錢花在刀口上，讓我們不至於借錢度日，債臺高築。她也教我們如何節儉生活。我們永遠只有剛剛好的錢，幾乎挪不出任何花費，更不可能買下「額外」的東西。

為了省錢，媽媽買了幾把剪刀，親自幫我們剪頭髮。我記得第一次頂著「家庭理髮走進教室時，聽到同學爆出鬨堂大笑。有些人還嘲弄的大叫：「貓王！（Elvis!）」——那位髮型獨特的知名歌手。小孩有時候很殘忍，但我不把這件事放在心上，因為我知道我們在省錢。媽媽頭髮剪得越來越好，不久就和理髮師一樣厲害。

廚房是媽媽最喜歡和我聊天的地方，一面聊一面煮我們的晚餐。我看她行雲流水的一邊煮飯一邊講話，每次都佩服不已。她的心靈好像在廚房最自由，廚房是她覺得最自在的地方。我喜歡聽她講家族的故事，而且永遠聽不膩。媽媽年紀越大，就越常緬懷青春歲月。我猜她知道自己塵世的生命來日無多，而她還有很多要說。媽媽對於外公外婆從黎巴嫩移民美國前的生活所知不多。不過，說到在農場的青春往事，還有和爸爸墜入愛河的故事，她對這些時光的回憶好像隨年華老去而更加鮮明。

五十歲時，媽媽到我和哥哥小時候念書的母校當全職秘書。弟弟當時在那間學校上學，所以媽媽可以就近照看他。媽媽接下來的二十年都盡責完成秘書的工作，她覺得這是人生中既有挑戰性也相當快樂的一段時光。她獨力處理所有辦公室工作，也幫忙這些小小學生，不管是他們擦傷膝蓋、肚子不舒服，或者只是想要被人疼愛。一代又一代的孩子都感受到她的耐心和溫柔。

媽媽很喜歡說一個小女孩的故事：有一天，小女孩煩惱的來到媽媽的學校辦公室，說她掉了一枚硬幣。媽媽問她硬幣是不是很貴重，小女孩說那是祖母的硬幣，她帶來給其他同學看，進行「分享說故事」的活動。媽媽問她硬幣掉在哪裡，小女孩說她不小心把硬幣掉進了馬桶，拿不出來。好心的秘書能幫幫她嗎？

雖然這似乎遠超出她的職責範圍，但媽媽說她會試試看。小女孩帶她到廁所去，媽媽捲起袖子，撿回硬幣。小女孩開心極了，跑回去繼續「分享說故事」。媽媽說她回到辦公室，笑得心滿意足，很高興自己做了一件有點英勇的事，也知道學校秘書的生活絕無片刻乏味。

媽媽七十歲準備退休時，動了緊急的五重心臟繞道手術。醫生正準備要動手術時，她忽然心臟病發，因此能否復原實屬未知數。我和哥哥當時人在臺灣，立刻搭機趕回她身邊，不停禱告。數天後，媽媽睜開雙眼，認出我們。醫生說他們不清楚我們做了什麼，不過請我們繼續努力。媽媽的命真的是禱告回來的，之後她又再活了二十年。

動完心臟手術之後，媽媽參加當地醫院的心臟復健課程，往後十五年都認真持續課程的運動，打破了醫院記錄，成為參加課程時間最長的成員。我猜對媽媽健康有益的不只是運動，社交往來也很重要。這是自從爸爸過世以來，媽媽首度看來好像能夠再談場戀愛。或許的確如此——墜入愛河永遠不嫌老。

媽媽過世前大約六年患有鬱血性心臟衰竭。那六年間，我每年會去看她幾次，每次待上幾個月。哥哥也跟我一樣，我們通常會輪流過去。弟弟住在附近，每天下班後都會過去看看媽媽。媽媽年紀大了，我們珍惜能照顧她的機會，尤其因為媽媽辛苦扶養我們長大成人，又對我們選擇的生活方式如此寬厚包容。

媽媽在病況逐漸惡化之後，說我是她的「照顧者」，但她其實不太需要照顧。她的身體衰弱了，但思緒還很清楚。她個性獨立，凡事喜歡親力親為。她常常說不希望成為孩子的負擔，等大限來臨時，希望能安詳離去，最好能在睡夢中辭世。我們都知道她愛家，從來沒有想過要把她放在療養院。我們會在她自己的家中照顧她，需要照顧多久就照顧多久。

我們只要抽得出時間就去探望媽媽，最艱難的當然是最後一次。媽媽那時九十二歲了。身為她非全時的照顧者，我竭盡所能的延長她的生命，不希望她離我們而去，很難接受她不久人世。我不停禱告，絞盡腦汁的想我還能再做什麼——準備營養的餐點和飲料、按摩她的雙腳——任何能讓她在我們身邊再留久一點的事。不過，媽媽不像我，她接受了即將到來的死亡。她已經知道「放手」讓摯愛的丈夫離去意味著什麼；更甚者，也知道「放手」讓深愛的孩子展翅是什麼：她鼓勵我們每個孩子都找出最適合自己的路。她給予我們自由。或許這就是我們永遠想回來看媽媽的原因。她從不緊抓任何東西不放——就連生命也是。

她的心臟終於開始衰竭。媽媽規畫起自己的身後事，一如她素來的個性。她向來務實，事先安排好諸多事宜，以免死後造成其他人的負擔。她向兒子道別，向媳婦、孫子道別，也向來訪的親友告別。她甚至建議了葬禮上可以唱哪些歌曲，也希望我們都能到場。不論在世或辭世，媽媽始終處之泰然。

和年輕的丈夫只相守短短十三年，之後是數十年的天人永隔，經過這一切，媽媽的精神臻至偉大的平衡與和諧，只要認識她的人都為之動容。待在溫柔的媽媽身邊，即使是在她逐漸衰弱的臨終之日，都是充滿恩典的體驗。

媽媽在自己的房間嚥下最後一口氣，嘴邊掛著甜蜜的微笑，家人和朋友聚在身邊禱告。她去世之時一如在世的行止——安詳自在，寧靜又慈愛，優雅的進入來世，就像她在塵世也優雅的度過此生。

18 我在臺灣的生活

高中畢業後，大哥傑瑞進入位於北加州洛思加圖斯（Los Gatos）的耶穌會修院就讀，三年後我也追隨他的腳步。從父親在我八歲那年過世之後，我就常常想像當神父的生活，不過，大哥傑瑞做出這個決定則屬於意料之外。傑瑞一直想要當醫生，就像他崇拜的史懷哲一樣，他景仰史懷哲在非洲為窮人奉獻。直到他最好的朋友宣布想當神父之後，傑瑞才發現自己其實也想當神父。到異國傳教的想法深深吸引他，因為這樣一來，他不只會成為靈魂的良醫，也會到遙遠的國度服務。

至於我自己，我從年輕時就一直想要成為神父、服侍上主。從父親離開我們到天家去的那天起，這份願望日益茁壯。我明白眼下在塵世的生命只是暫時的，我們真正的家在天上。即使還是孩子的時候，我也能感覺到上主希望我成為助人過程的一部分，幫助大家得到天上的賞報。等年紀大一點，上了高中之後，這份願望變得更加強烈。雖然學校所有的社交活動我都參加，但我同學越是在物質生活中找到快樂，我就越往精神生活去找。我的靈魂渴慕上主，而我知道，唯有將自己完全奉獻給上主，我才能真正在生命中找到平靜和意義。

哥哥和我接連告訴媽媽我們希望成為神父時，媽媽同意了，說她只希望我們快樂，只要我們快樂，她就快樂。雖然她從來沒有鼓勵我們做神父，但也從來沒有阻止我們。她心心念念只希望我們快樂。她這麼做給了我們自由。她從來沒有試圖為自己的利益控制我們。

我們出發去念修院的同時，媽媽也繼續忙著兼顧一家之主、學校秘書和慈愛母親的角色，不論對身邊或遠方的兒子都付出關愛。至於哥哥和我，到外國傳教的願望在我們心中日益茁壯。

後來，哥哥和我相繼被派到臺灣傳教時，媽媽再次支持我們的決定，說不管我們選擇要做什麼，她都開心。但這對她並不容易。哥哥和我內心充滿將臨的挑戰，要前往另一個國度，我們可以在彼方散播信仰、服務他人。我們覺得這項任務是上主的呼召，但媽媽能想到的只有臺灣遠隔重洋，她以後難得見上我們一面了。

我還記得從華盛頓州的斯波坎（Spokane）打長途電話給媽媽，那時我即將從斯波坎的大學畢業，滿懷熱忱的打電話告訴她我要被派到臺灣。媽媽聽到這個消息不像我一樣雀躍，過了一會我才發現她講電話時傷心不已，強忍著淚水。三年前，她已經送哥哥離開家鄉到臺灣——現在又輪到我。但她很快在電話中恢復鎮定，向我們保證不論我選擇哪一條路，她都開心。

大學畢業之後，我搭上一艘前往韓國的舊商船，再從韓國飛到臺灣。當年是一九六九年，我二十四歲。雖然旅程長達數週，但我從不覺得無聊，因為我正忙著學吉他，盡量努力多背幾首歌。雖然偶爾會暈船——思鄉之情也會湧上心頭——但仍然是一趟愉快的旅程。

我在臺灣的頭幾年，音樂或許形成了我和臺灣人民之間最深刻的連結，也是音樂讓哥哥傑瑞和我彼此更加親密。我在新竹語言學校念書的第一年，哥哥也在天主教新竹社會服務中心工作，和我在同一個城市，所以我們兩人常常可以見面。我們都喜歡唱歌、彈吉他，不久就開始為大家表演。

我從美國帶了幾首民謠來，傑瑞不久就著手把歌詞翻成中文。有一天早上，他一面刷牙，一面就編出了〈星期六之夜〉（Saturday Night）這首歌的中文版，後來成了我們最受歡迎的歌曲。到了聖誕節，我們的曲目已經相當豐富，可以在新竹市所有天主堂的聖誕派對上登臺演出。

那時音樂無所不在，而且是很棒的音樂。年輕人深深迷上吉他，想要聽我們彈奏，也想要大家一起彈。有時候，我回想學中文的那兩年，心想要是沒有吉他，真不知道自己該怎麼辦。

學了中文之後，我有機會去蘭嶼一整年，教小學生藝術和音樂。那年或許是我生命中最快樂的一年。我和達悟族人變得很親近，不只教導他們，也從他們身上學習，那是真正的分享。精彩的一年過後，我在輔仁神學院繼續念書，為成為神父做準備。

我在神學院念書的那幾年，傑瑞和我都加入了樂團，是和幾個修士一起組的，我們在各個大專院校的民俗節慶上表演，有時候會上電視。和哥哥一起為一大群學生唱歌，或者為電視觀眾獻唱，無疑提升了我的自信。此外，我和哥哥都將音樂視為和人們合一的一種方式——這群人是我們來此地服務的對象。我在表演時唱起部落歌曲，傑瑞則熟習了幾首傳統臺語金曲，像是〈燒肉粽〉。我們每次表演這些歌曲都受到熱烈歡迎，也展現我們把臺灣文化當成自己的文化。

神學院念到第三年時，我前往聖地牙哥，在我從小長大的教堂晉鐸為神父。這對教區和對我而言都是重大的時刻——對媽媽更是如此，媽媽當時在教區學校工作，她邀請學校的孩子來為我的晉鐸慶典合唱。這確實是一場家族盛事。

又念了一年神學之後，我終於以神父身分接受了第一份派任——派任到清泉。我的長上早已知道我喜歡服務原住民。幾年以前，中文語言學校放暑假時，我和一支山服隊在清泉待了一個月。從那之後，每逢週末或是輔仁的課業可以稍微休息時，我都會去山上。

清泉人把我當成他們的一分子，從不讓我覺得自己像外國人。這也許就是我這麼喜歡和他們相處的原因。有人說，你和別人相處的時候，對方讓你有什麼感覺，這是最重要的。清泉的泰雅人讓我覺得很開心。

在清泉的歲月一開始過得很慢，後來隨著時間流逝，步調漸漸加快。五年、十年、二十……四十……如今我還在這裡。起初，我的回憶和故事個個鮮明，我以此為主題寫了一本書。之後，隨著時光荏苒，我開始明白自己在清泉的故事如何呼應生命中更早以前的種種事件。我的家人一直都在身邊，即使他們身在世界另一頭。

那段歲月裡，媽媽曾經來臺灣看我們四次。我知道她以孩子為榮，也很高興看到我們在做的工作。對她而言，只要我們開心就夠了。除此之外，她也喜歡上我們的臺灣朋友，有好多人也把她當成「母親」。

同時，弟弟格蘭漸漸長大成人，在求學過程中努力掙扎。有時候弟弟會覺得自己被拋下，因為父親和哥哥都不在身邊。不像我們，大部分的課他都不喜歡，然而就像爸爸，他在工程和機械方面很有天分，什麼都修得好。弟弟沒有接受太多正式訓練，但他擁有解決技術問題的分析能力，最終得以躋身公司的首席技師之列，成為公司最有價值的員工。

格蘭和一位義大利裔的美麗女孩結婚，他們生了三個孩子，後來擁有四個孫子（截至本書完稿為止）。我很佩服格蘭能夠克服種種限制，淋漓盡致的發揮天賦，成為現在這樣的人——和他可惜無緣相見的父親這麼相像。

對我們家而言，父親的死不只是無可挽回的失落，也是充滿希望的挑戰。對媽媽而言，這成了一項幾乎不可能的任務，要同時成為孩子的媽媽和爸爸，竭盡所能的扶養我們長大，用手邊有限的資源支持我們。對身為人子的我們而言，這成為尋找愛的願望，父親的死讓我們心中空盪盪的，我們要找到能填滿這片空虛的愛。

弟弟在婚姻生活中找到愛；哥哥和我成為神父，在服侍上主和他人中找到另一種愛。但要走到這一步、找到那份愛，需要經過漫長而艱辛的旅程，我們走上不同道路以到達彼方。對我而言，這趟旅程帶我經歷藝術、音樂、書本的迷人世界，我在這個世界學會用藝術家的雙眼觀看事物——這趟旅程仍在繼續，或許將永不止息。

19 藝術之旅

在清泉擔任幾年教區神父的工作後，我開始整修高峰部落老舊傾圮的教堂，離我自己的教堂大約二十分鐘車程。高峰的教堂已經荒廢二十年以上，裡頭真的長出幾棵樹，因為屋頂早就不知所蹤。我們剛整修完畢不久，就有幾位鄰居建議我們用教堂建築開間幼稚園。這聽起來是個好主意，所以我們找了老師、廚師，也把能找的孩子都找來，然後新成立的聖心幼兒園就開始上課了。我的夢想是讓所有人都能免費上學，這樣即使是貧困家庭的孩子也能參加。

但是，要辦一間這樣的幼兒園不容易，過沒多久，我們從清泉民宿賺到的所有收入都拿去資助高峰的幼兒園了。接著，在幾乎毫無資金的情況下，我們決定加蓋二樓教室。就在我們即將完工，但酬勞還沒付給工人之前，一位《聯合報》的記者來採訪我們的園長。記者離開前，幫新蓋好的教室還有教室裡空盪盪的書櫃拍了一張照片。採訪見報時，照片的圖說寫著：「民間社團捐的書架裡，還空盪盪的，缺少童書。」這帶來了驚人的影響。短短幾天，臺灣當地上百名善心人士捐來大量書籍，整整堆滿三間房間。有些人甚至為孩子寄來自己舊的大學課本。最重要的是，這篇報導為我們帶來充裕的金錢收入，讓我們可以付酬勞給工人，也讓任何想要上學的清寒學生都能免費上學。因為政府持續補助，加上本地的捐款，幼兒園至今依然不向任何學生收費。

為了豐富幼兒園的課程，大家要我教孩子英文。對大部分的小小孩來說，英文很不好學，很多孩子上英文課的時候不是打瞌睡就是調皮搗蛋。因此，我決定把上課內容畫成圖畫，發明了幾個卡通人物。孩子的最愛是恐龍家族，我把恐龍畫在黑板上，用來解釋課程。週復一週，只要我一拿起粉筆走向黑板，就能看到孩子張大眼睛，全神貫注。我之所以能當個好的英文老師，繪畫技巧比什麼都重要。

有一天，那位《聯合報》記者又來學校採訪我們。這次他向孩子問問題，孩子們熱情的回應。

「神父是好老師嗎？」記者問。

「是！」學生們回答。

「他教你們什麼？」

「恐龍！」

那次之後，我覺得最好把我最喜歡畫的卡通人物換成比較接近人的角色，所以我開始教孩子怎麼畫臉。

我在九歲大的時候學到怎麼畫臉，教我的老師是雪莉阿姨。雪莉阿姨每星期有一天晚上會和媽媽一起打橋牌，她就像我的親阿姨一樣。雪莉是藝術家，因此有一天我問她怎麼畫臉。她說你要先畫一個雞蛋形，然後把蛋分成直的兩半跟橫的兩半，再畫上眼睛、鼻子、嘴巴的定位線，這樣所有東西才會對稱。她要我多練習。我在所有找得到的東西上練習，包括我房間的牆壁——媽媽後來要我把牆壁清乾淨。

我學會怎麼用正確的比例畫臉之後，雪莉又教我畫身體。她畫了女人的身體。她說最好先學會畫不穿衣服的身體，這樣之後把衣服加上去的時候，比例才會正確。因此，九歲大的我在拿得到的每張廢紙都畫上裸女。

我念的是天主教學校，等到上三年級的美術課時，其他孩子畫的是房子、飛機或消防員，我畫的是裸女。坐我附近的同學很快就注意到了，他們舉手告訴瑪莎修女，身穿白袍、體型福態的修女是我們的老師。幸好瑪莎修女也是藝術家，因此她只是笑一笑，覺得沒什麼大不了。當天放學之後，她要我留下來一下。她拿出一本大大的書，主題是義大利文藝復興藝術，然後開始向我說明書中內容。三年級結束以前，我已經讀遍當地公共圖書館裡有關米開朗基羅、達文西、拉斐爾的所有東西。他們的畫裡一樣也有很多裸體的人。

十一歲的時候，媽媽幫我報名了夏季美術課程，在聖地牙哥美術館的地下室上課。我在美術館上了幾個月的課，也有機會在專家導覽下欣賞美術館的藝術品。之後每年夏天，只要有機會，我就會盡量參加美術課程。

閒暇時，哥哥傑瑞和我喜歡畫我們在雜誌上看到的水彩畫，像是《週六晚郵報》（*The Saturday Evening Post*）之類的雜誌。畫到不想畫的時候，就彈彈家裡那架老鋼琴。我們也會寫劇本，為朋友演出。現在的年輕朋友被電動遊戲、社群網絡和手機耗去心力，我為他們覺得可惜，因為這可能會妨礙他們發展天賦。創作需要孤獨。

我的高中生活開心又忙碌，也交到很多朋友，但我強烈感受到上主的呼召，要我把一生奉獻給上主。我知道除此之外，其他東西都無法滿足我，我準備好放棄一切——家人、朋友——甚至願意放棄藝術。我想到自己即將放下的種種，奇怪的是，這沒有嚇到我。我還年輕，充滿冒險精神，毫不顧慮即將做出的犧牲。我只想更靠近主。

不過，後來到了耶穌會修院，大家需要畫些什麼東西的時候，都會找我幫忙，所以我常常有機會表現自己藝術的一面。有時候我會想為什麼其他人不會畫畫，畫畫感覺很簡單。

再後來，進了大學，我總是試著用不太一樣的方式做事，做得比其他學生更有創意。有一次，我們拿到一份回家寫的期末考，考題是莎士比亞，我把全部的答案用無韻詩[17]打在一卷衛生紙上，把衛生紙用緞帶固定好，再綁上一顆氣球，上面畫著「一如構成夢境之物」這句話[18]——出自《暴風雨》的名言。不過，老師以為這是送他的

17譯註：無韻詩（blank verse），指符合英詩格律但不押韻的詩作，最常見的格律是抑揚五步格（iambic pentameter），詩句音節一輕一重，念起來抑揚交替，一句五步（十個音節），故稱為抑揚五步格。

禮物，他把衛生紙打開，完全摸不著頭緒。我覺得他不太有創意，因為我美麗的試卷最後進了垃圾桶。

之後，念哲學的時候，老師鼓勵我們運用親身經歷來寫哲學論文。有時候我會在論文裡加入圖畫，有些同學對此深深不以為然，他們覺得我在討好老師的心情，而不是嚴謹理性的寫論文。不過老師似乎欣賞我的作法。

大學最後一年，在來臺灣以前，因為我提早修完必修課，終於有機會上幾門正規美術課，主要學習寫生。我跟到一位好老師，至少畫出了一幅好畫，我還保存著這幅畫。同時，我以黑人歷史名人為主題，畫了一系列油畫，並把畫作全數捐給黑人榮耀（Black Pride）團體。我開始瞭解藝術和文化之間的關係——甚至是藝術和社會正義間的關係。

到清泉擔任教區神父之後，我很快著手彩繪起教堂，畫上部落藝術和宗教藝術，以連結信仰和人們的文化。接下來，我花了二十五年才終於完成教堂的彩繪——不是說我二十五年來一直在彩繪教堂——而是我花了這麼多年才終於把教堂畫「好」（好吧，我承認自己是完美主義者）。我也花了十五年，在教堂籃球場的牆壁上製作馬賽克。我用馬賽克而非油漆，是因為馬賽克不會像油漆那樣剝落——馬賽克可以維持數百年……除非牆壁在那之前先倒下來，後者似乎極有可能發生。

說到同時身為藝術家和神父，我認為兩者沒有衝突，而且優點良多。我們越有藝術氣息、越敏感、越詩意，就越能同理他人、理解他人。這是身為神父最需要的一點，比其他什麼都重要。藝術的事工就像任何媒介一樣，拓展我們所做的事，讓更多人得以接觸到。藝術能幫助我們和大眾溝通。藝術家訴說的方式讓人可以用心靈理解。

從雪莉阿姨最初教我怎麼用雞蛋畫臉以來，到現在，我已經走過漫長旅程。不過，我還是會用她教我的方法。如果你有興趣，儘管跟我說，我可以教你。

---

18 譯註：「一如構成夢境之物（Such stuff as dreams are made on）」，全句是「我們一如／構成夢境之物，渺小生命／以睡眠作結（We are such stuff / As dreams are made on, and our little life / Is rounded with a sleep）」，出自莎士比亞《暴風雨》（*The Tempest*）第四幕第一景。

20 音樂之旅

二〇〇四年八月，我才剛去美國探望生病的媽媽，就接到大哥傑瑞傳來的消息，告訴我艾利颱風重創清泉，造成死傷慘重的土石流，許多房屋被沖毀，超過二十位村民喪命。就連美國的報紙也報導了這個威力驚人的颱風。我讀到政府動用直升機撤離村民，因為清泉的聯外道路已全數中斷。

土石流過後，村民把死者的遺體帶到教堂，教堂位在安全地帶。這段悲慘的日子裡，當時幫我們管理民宿的陳姐妹發現，不管是生者還是死者，都迫切需要她的幫助。她忙碌過後，終於搭上最後一班撤離村莊的直升機，後來她告訴我，我的三隻狗一直跟她到直升機旁，想要搭上直升機。之後，教堂的工友阿寶花了整整一天走回部落，確保幾隻狗有東西吃。其他村民要等到一個月後才能回家，我也在那時和他們一起回去，為艾利颱風造成的死傷和破壞心痛不已。

不過，部落的生命損失遠比財產破壞慘重。那段日子，到處瀰漫著恐懼、不安的氛圍。村民不知道該不該回清泉，孩子尤其痛苦。大家對土石流記憶猶新，不少人都做著土石流的噩夢。清泉的未來危在旦夕，許多人懷疑部落還會不會有復原的一天。

幸運的是，那時我們當地小學的校長非常有音樂才華。校長夫婦和幾位老師覺得透過音樂可以賦予學生新生，也可以提振部落的士氣。所以接下來這年，他們製作傳統泰雅樂器，教學生怎麼演奏。學校也收到捐贈的鋼琴和小提琴，孩子開始上起音樂才藝課。校長馬庫斯（Makus）、副校長把望（Bawang）和他們的太太共同籌組了獨特的歌舞合唱團，合唱團非常成功，學生甚至受邀到海外表演，我有兩次曾經陪他們一起出訪。孩子全心沉浸在傳統音樂中，不久就忘卻艾利颱風帶來的悲劇。隨著時光流逝，清泉甚至更勝從前。就各方面來看，音樂拯救了部落。

就自身經驗而言，我深深瞭解學音樂的好處——特別是學鋼琴。我很清楚，像清泉部落那麼有音樂天分的孩子，只需要一點專門的幫助，就能看到他們的天分開花結果；我早年念書時上的鋼琴課也在我身上發揮相同作用。就跟清泉的孩子一樣，我的音樂之旅由一位優秀的老師開啟，老師名叫巴爾太太（Mrs. Barr）。

我十一歲的時候，媽媽在報紙上看到一則二手鋼琴的廣告。廣告上說鋼琴免費，我們只需要支付一筆二十美元的搬運費。因此，我們安排把鋼琴搬到家裡。哥哥傑瑞和我一直拜託媽媽讓我們上鋼琴課，求了好幾年，但媽媽想等到我們有自己的鋼琴再說。現在我們有架鋼琴了——一九〇九年大型直立紅木鋼琴，搬鋼琴的人說這架琴是他們看過最重的一架。現在萬事俱備，只欠一位老師。

巴爾太太自己一個人住在非常寬敞的兩層樓白色木屋裡，離我們家大概四個街區遠。她是退休鋼琴老師，已經八十多歲了。我以前從來不認識她，因此要上第一堂課時有點緊張。但是她溫暖、耐心又專業，剛開始上課就讓我放鬆下來。

她開了門，帶我進琴房，把窗簾拉上，然後打開鋼琴上方的一盞小燈。她寬大的雙手依然有力，但關節炎讓她很難好好彈琴，無法彈得久。教我認識琴鍵的時候，她的聲音柔和又低沉。她的臉型修長、骨感，散發平靜的氣息。

傑瑞因為課業繁重，不再上鋼琴課，於是我成了巴爾太太唯一的學生。為了補助我鋼琴課的部分學費，巴爾太太提議我每週六早上的課程結束後，在她的院子工作一小時。草地一個月需要修剪兩次，花圃也需要除草。

每個星期六，上完一小時的鋼琴課、在院子工作完一小時之後，我會到門口和巴爾太太說再見。巴爾太太會謝謝我幫她工作，我會謝謝她幫我上課。然後她會給我一小包餅乾，讓我拿回家當點心。

雖然我很喜歡上鋼琴課，但我很難乖乖認真練習。巴爾太太強調指法的重要，她說如果我從一開始就掌握住基本技巧，然後不停練習，之後彈琴就比較容易。

但我想要跳過基礎，直接開始彈曲子。練習音階感覺很無趣，我想要彈點有旋律的東西。

幾年過去了，雖然我不是非常用功練習的學生，但還是學會了音階。然後，巴爾太太漸漸把古典大師介紹給我，像是蕭邦、貝多芬。我去上課的時候，常常準備得不夠充分，但巴爾太太從未失去耐心。她溫柔的敦促我在需要練習的地方多下工夫。

雖然我喜歡古典樂，不過，就跟一九五〇年代任何一個青少年一樣，我也迷上當時嶄露頭角、風靡全國的搖滾樂。我問巴爾太太能不能學點流行樂，她說我先熟悉古典樂會比較好。過了一陣子，我又問她一次，這次她說她會找點「流行的」東西給我。

巴爾太太在鋼琴椅上擺出一系列懷舊金曲。這些確實是流行樂——只不過是流行在她的年代，而非我的時代。往後幾年，我學習一九二〇年代的音樂。我彈的曲子包括〈美好的夏天〉（In the Good Old Summertime）、〈海邊、海邊、美麗的海邊〉（By the Sea, by the Sea, by the Beautiful Sea）。其他孩子跟著貓王的流行歌唱唱跳跳，我則彈著巴爾太太給我的老歌——而且我很愛這些老歌！

我跟巴爾太太學了六年鋼琴。一直到高中畢業以前，我每週都去上課，也在院子工作。巴爾太太始終用同樣溫暖的笑容迎接我，每次下課也都會給我餅乾。課堂之外的時間，我很少見到她，只有偶爾在街上遇到她，看她拉著菜籃車從市場出來。

有一次，巴爾太太要我幫她擦屋子裡的幾扇窗戶，所以我可以看到琴房以外的房間。偌大的房子裡有很多閒置的房間，有些家具蓋著布。我在屋子後面的一個套房裡碰見了巴爾太太的媳婦，她是瑞典人，皮膚漂亮有光澤。

巴爾太太自己的皮膚則沒有這麼好，也許年輕時皮膚白皙，但現在臉上跟手上的皮膚滿是黑斑。她彈琴的時候對此相當困擾，她會說黑斑好像又變多了。這似乎是唯一讓她煩惱的事。

有一天，巴爾太太找醫生動了換膚手術。手術後，她的皮膚變得白白嫩嫩，跟小孩子一樣。她也把雙手和雙臂上的大部分黑斑都移除了。雖然這讓她外表更好看，但我其實不在意。巴爾太太身上原本就擁有內在的美麗和寧靜，難以再錦上添花。

打從童年時代，音樂就已充滿我的生活。我還是孩子的時候，很早就聽過一張黑膠唱片：喬治．蓋希文[19]的《藍色狂想曲》。這作品中激動、憂鬱、纏綿的樂章引起了我乾渴靈魂的共鳴。但是，一直要到高中的最後一年，我才得到《藍色狂想曲》的樂譜。

吉姆是我高中最好的朋友，他也會彈鋼琴，他為我們大家表演《藍色狂想曲》的最終樂章，大家聽得入迷。吉姆願意讓我用一本樂譜交換《藍色狂想曲》，因為他已經把譜背得滾瓜爛熟，再也用不到譜了。我把蓋希文的樂譜拿在手裡時，覺得自己就

19 譯註：喬治．蓋希文（George Gershwin，一八九八—一九三七），美國作曲家、鋼琴家，其家族是俄國猶太裔移民。蓋希文結合古典樂和爵士樂、藍調，開創出屬於美國的音樂風格，活躍於百老匯和好萊塢，寫下許多膾炙人口的樂曲、音樂劇、歌劇、電影配樂等，知名作品包括《藍色狂想曲》（*Rhapsody in Blue*）、《一個美國人在巴黎》（*An American in Paris*）、歌劇《波吉和貝絲》（*Porgy and Bess*）等等。

像發現了黃金。

或許練鋼琴的時間，和一個人對要練的那首曲子抱有多大興趣——或多大熱情——完全成正比。彈起蓋希文的音樂，巴爾太太再也不必敦促我練習。放學一回到家，我立刻就開始彈琴。我常常會彈到深夜，甚至徹夜彈到清晨，不停練習《藍色狂想曲》。

我彈這首曲子進步神速，巴爾太太對此似乎相當驚訝，她說很多地方即使是她來彈也不容易。這些年來我努力練習音階，現在辛苦耕耘終於有了回報。

眼看我高中畢業在即，我們相處的時光也快要告一段落，這時巴爾太太再度把焦點放回古典樂——特別是貝多芬和蕭邦的音樂，他們的旋律氣勢磅礴。

我不太記得最後一次見到巴爾太太的情景。畢業時我忙得不可開交，不得不取消好幾堂鋼琴課。不久之後，我就要進修院了。

那時我拚命彈琴，因為我知道一旦離開家，可能就不太有機會彈琴了。蓋希文已經走入我的靈魂，而我希望讓他一直待在那裡頭。我盡我所能的默背《藍色狂想曲》，讓它成為我的一部分。如果我有一天失去了它，那麼我的一部分靈魂或許也會跟著消失。

在修院幾乎沒有機會彈鋼琴。事實上，兩年來（或許更久）我幾乎連鋼琴都沒見到。後來有一天我被派去清理家具，發現自己終於可以再次坐在老鋼琴的鍵盤前。四下無人，我遲疑了一下，不知道自己還記不記得《藍色狂想曲》。有一刻我以為自己已經忘得一乾二淨——和巴爾太太學琴的六年，還有巴爾太太教我的一切。但我沒忘——一切全都湧上心頭。音樂還在。我彈得不完美，聽起來甚至不太有樣子，處處是錯誤。但音樂還在，而且再也不會離我而去。

我有時候會夢到巴爾太太，夢到好幾次。

我走在前往她家的路上，敲敲門，她開了門——修長的臉上總是帶著溫暖親切的笑容——然後邀我進屋裡。

不過，有時候夢裡巴爾太太不在，開門的是別人。我問巴爾太太在嗎，那個人說：「巴爾太太？巴爾太太已經不在這裡了。」

「你確定嗎？」我在夢裡再問了一次。然後才想到，如果她還活著，就接近一百五十歲了。不過我還是從門裡望向屋內，看看琴房，好更加確定。

有時候我可以從昏暗的光線中看到她，我看到她的背影，坐在鋼琴椅旁邊的椅子上。她的手指著樂譜，而鋼琴椅上坐著一個孩子。他只有十一歲大，但一本正經，正在努力彈好音階。我知道那個男孩想學很多東西，但我不知道他會不會有耐力堅持下去……

我可以看到巴爾太太修長細瘦的手在引導男孩的手，我聽到她溫柔的聲音跟著節拍器滴答滴答的節奏數著節拍。

我靜靜關上門，可以聽到遠方傳來蓋希文的《藍色狂想曲》。下一次再去巴爾太太家時，她已遠去他方。

21 我的房子，你的房子

我在清泉的一個好朋友有酗酒問題。米酒毀了他的健康，也帶來很多其他問題。有一天，我單刀直入的問這位朋友：「你為什麼要喝酒？」

他馬上回答：「因為大家看不起我。」

「大家為什麼看不起你？」

「他們說我的房子不好。他們取笑我的房子。」

確實沒錯，我朋友的房子又小又破，屋況不佳。我不知道他為什麼不把房子修理得好一點。

「沒錢。」是他的答案。

「錢！」我大叫，「你不需要很多錢。你只需要幾桶油漆，還有……一點怒火！」

這是我和朋友之間的差別。我看到家裡有什麼東西壞了，就試著把它修好。有時候我很生氣，竟然有這麼多東西要修。但這把怒火只讓我更努力做事，好把問題給解決掉。我的朋友用酗酒來掩蓋他的憤怒，但他酗酒的同時，房子還是一樣破破爛爛。

所以我告訴他：「把房子漆一漆。明天開始。如果你想要我幫忙的話，我會幫你。不過記得，房子就是你！」

我認識的人當中，不是只有我朋友的房子沒有粉刷、黯然失色。我一想到自己部落裡有這麼多房屋都破破爛爛的，就非常生氣。我知道自己是部落的一部分，這些房子也是我的一部分。他們的房子就是我的房子，我的房子也是他們的房子。我的怒火讓我展開行動。我發起了油漆計畫，一年內，部落裡有超過五十間房屋得到粉刷和修繕。我朋友的房子是第一間。

想要粉刷清泉房屋的念頭，幾乎百分之百來自我的童年心願，我想要好好粉刷爸爸生前買下的房子，我在這間房子從五歲住到十八歲，直到我離家前往耶穌會修院為止；這間房子也是我一直無法完全粉刷好的房子……

如果你問我離家之後最想念什麼，我會說不是家人、不是朋友，是我的房子。

在修院的時候，我曾經晚上睡不著覺，一直回想我們家那棟寬敞的兩層樓白色木屋。屋子裡有好多房間，我的思緒會穿過每間房間，在地上徘徊、穿牆而過、爬上天花板，像隻小老鼠——細細琢磨屋裡的每一寸空間——牢牢記住，希望能永遠銘記在心。

爸爸買下我們家的時候，我五歲大。那時房子非常老舊，需要大肆整頓，尤其需要粉刷。

爸爸辭去飛機工廠的工作之後，有空的時間大都拿來粉刷和翻修我們破舊不堪的房子。我看他漆油漆，也想要幫忙，但他說我還太小了。我一直拜託他，於是他裝了一桶水，給我一把刷子，要我先用水練習刷。他說我之後可以刷真正的油漆。但不久之後，爸爸病情加重，再也無法繼續動手整修房子。我們搬進那間老房子不過三年，爸爸就過世了。那時我才八歲，哥哥十歲。

爸爸過世後的那些年，我們面臨了種種難題，其中相當棘手的就是照顧這間老房子和周圍的環境。爸爸在過世前已經修好了大半部分，也粉刷了一部分的屋子，但還有許多東西尚待修理，一大堆地方要維護。我們沒有錢請人幫忙，所以照顧房子的責任落到哥哥和我頭上——我們兩個都不是非常務實能幹。

星期六，我和哥哥要清掃房子四周長長的人行步道，或是要修剪周圍的草地。我們也要把壞掉的東西修好，儘管我們兩個都不太擅長修繕。這對我們是非常繁重的工作，因為房子總是會有某個地方壞掉。屋頂漏水，部分天花板塌了下來，而且屋子很大間，因此我們剛漆好這裡，另外那裡又需要重新油漆。

我和哥哥其實說不上有多喜歡家裡這些不得不做的工作。我們常常會吵這次輪到誰掃步道，或輪到誰修剪院子的草。我們兩個都特別討厭打掃滿是塵土的人行道，所以搶著要修剪草坪。掃地的麻煩處在於，隔壁地勢較高的房子住著懶惰的鄰居，他們的步道和我們的之間，有一段往下的斜坡連接；每次我們剛掃完地，他們就會在人行步道上潑水，把他們步道上的灰塵、垃圾都往下流到我們這邊來，結果我們的人行道又髒了。

我們從小學到高中一直都在照顧這間房子。哥哥傑瑞下定決心要在離家進修院之前，讓房子看起來好一點。我想他不信任由我繼續肩負起照顧房子的工作。離家前的最後一天，傑瑞粉刷了家裡的前門廊，沒有要我們幫忙。你可能以為他這天應該會想跟朋友好好聚一聚，不過對我們而言，房子就是最重要的「朋友」，而照顧這位朋友仍然是他的責任。

客廳旁邊的陽光房天花板破了一個洞，我們一直無力修理，每逢雨天必須在地上放水桶接水。最後，一大片天花板塌了下來，坍塌處附近變得黑黑的。每次有客人上門，或是聽到門外傳來敲門聲，媽媽交代的第一件事就是：「關上陽光房的門。」她不想讓任何人看到天花板的破洞。

我一直努力想把屋頂漏水的地方修好，但始終修不好，我們也沒有錢請水電工來修。我也一直很煩惱房子的某片牆，那是爸爸生前沒有粉刷完的地方。那片外牆在二樓高——太高了，我們的梯子搆不太到。

十七歲的時候，有一天，我和幾個高中同學一起坐車去看足球賽，從公路上可以看到我的家。

「那是我家。」我指著街角的一棟老房子說，高大的房子只油漆了一半。

「你家？」其中一個同學說，「我還以為是穀倉！」

其他人放聲大笑。

「或者是超大間的雞舍！」另一個男同學又說。

大家笑得更大聲了。

「如果你把房子油漆好，可能還有拆掉的價值。」又一句尖酸的評語。

笑聲震得車子搖搖晃晃。

那天我的心思一點都沒放在足球賽上，我在想家裡的房子。

那時候我滿腔怒火，但我不是對同學生氣，而是單純很生氣。這把怒火在我心中不停壯大，直到過了一陣子以後，怒火轉變成另一種感覺——一種能量。我永遠不會忘記自己在前往足球賽的車上聽到的一字一句。

隔天，我買了幾桶油漆，借了一把長梯，但梯子還是不夠長，搆不到房子上面沒有油漆的大片牆面。所以我把繩子綁上梯子，從屋頂把梯子打橫往上拉，拉到房子的上半部。

剛好媽媽要出門買東西，她走出家門的時候，我正準備爬到外面的梯子上。

「你在做什麼？」她看到梯子詭異的位置，嚇了一跳。

「我想粉刷這片牆。」我回答。

「太危險了！你會摔下來。」

「不會，我不會有事。你去買東西沒關係。」

「我不能把你留在上面自己出門。你應該馬上下來。」

「媽，拜託，我一定要漆好這裡！」

媽媽只是站在那裡，站了好幾分鐘。最後，她終於說：「好吧，那我不去買東西了。我要在這裡等你弄完。」

「如果我摔下來，你準備接住我嗎？」我笑著說。

「不，但至少我可以看著你，以防萬一。」

我確實漆完了——總算完工了——雖然還是有一小塊地方搆不到。房子看起來終於有模有樣，我引以為傲。後來我進了修院，媽媽寫信告訴我她請了專業油漆工，把牆上最後一塊我搆不到的地方也漆好了，她說我聽了應該會很高興；房子現在看來美輪美奐。

開始粉刷和修理清泉的房子時，這些回憶湧上心頭。就跟童年時代一樣，這些工作帶來挫折，但也帶來歡樂。要不是有義工團體的幫忙，油漆計畫絕對無法完成；很多義工都是學生，他們來部落幫忙我們。義工和屋主一起工作，很多人以前從來沒有刷過油漆。看這些年輕人這麼熱情的參與油漆計畫，真是開心無比；但看到油漆塗錯地方——像是塗到電線杆、人行道，還有學生自己的衣服上——真是難過。當然，一樣又出現了漆不到房屋牆壁高處的挫折——即使爬上梯子也漆不到——讓我想到年輕時的類似處境。

不過，一切大功告成後，清泉的房子看起來美極了——就像我家油漆過後的老房子一樣。

或許等我老到再也無法工作的時候，晚上我會躺在床上，回想部落裡一間間屋子，讓我的思緒徘徊在每一面粉刷完畢的牆壁，記住它們的顏色，也看看住在屋裡的可愛人們。那時我會明瞭我們完成了值得引以為傲的事——事情雖小，卻見偉大：我們漆好了自己的房子。

22 檸檬樹

我在清泉居住多年之後，還是有一點始終覺得奇怪：雖然部落綠意盎然，有各種樹木、蕨類和綠色植物圍繞，但花卻很少。不像我從小長大的地方——家家戶戶的房子前後都有草坪和花園，清泉人對於光禿禿的水泥小路，或是房子旁邊的一片雜草，似乎心無不滿。不知道這是不是因為他們從來沒有體會過自己擁有一片花園或果園的快樂。

因此，春光明媚、風和日麗的某一天，我決定發起「一家一花園」的計畫。雖然大部分清泉村民都是農夫，但我不敢保證計畫會成功，因為村民習慣種可以賣錢的作物，而非單純觀賞用的植物。雖然果樹結的果子可以吃，但花沒辦法拿來賣錢。

計畫啟動之前，我和村民分享自己對果樹和花卉的熱愛，也在教堂周圍盡量多種花果。我告訴大家，園藝就像禱告，果實和花朵可以帶領我們更接近上主。我們看見一朵花的美麗時，也就看見了上主。

部落裡有一位名叫秀雯的小姐，工作正好是在都市賣花，所以我們讓她負責這個計畫。她運用善心人士慷慨的捐款，買來上百株開花植物和一些果樹，叫鄰居和親戚整好地，然後再開始栽種植物。一天的工作結束後，晚上鄰居會輪流為工作的人準備晚餐，晚餐總是洋溢節慶氛圍。

只經過短短時間，我們的社區就充滿五顏六色的花卉。上主好像也在幫助我們，因為就連我們沒種的花也茁壯綻放！不過，更令人振奮的是，種下植物的屋主滿懷熱情，可以清楚看到他們對自己完成的事引以為傲。沒有什麼比看著東西成長——不論是孩子還是花朵——又美化環境更能讓人開心了。

我每次回美國家裡看媽媽，都能體會到這種喜悅。除了把該修的地方修好、該重新油漆的地方漆好之外，最開心的事莫過於在媽媽後院的花園工作，種蔬菜、種花、種樹。我猜這也是我表達愛她的一種方式。我知道媽媽最心愛的是我多年前種在後院的檸檬樹，因此我加倍細心的照顧那棵樹。

媽媽的每位鄰居好友都收過她用院子的水果、莓果做成的一罐罐果醬。不過，媽媽最有名的還是她烤的美味檸檬方塊，[20]用院子正中央大樹上又大又黃的檸檬做的。樹上一年四季都會結檸檬果，媽媽會把檸檬用在想像得到的任何地方。她甚至會直接吃整顆檸檬，或是擠檸檬汁當沙拉醬。我嗜吃甜食，但媽媽顯然喜歡吃酸。她愛檸檬，我們愛檸檬方塊。

隨著生命漸漸邁向盡頭，媽媽的短期記憶開始越來越靠不住。她很難記得自己剛剛是不是說過什麼，有時候會再說一次。這種時候，我們三兄弟總是盡量體諒她，以免她覺得困窘。有天晚上，她告訴我她隔天要烤檸檬方塊。我早上醒來，走進廚房，媽媽已經坐在廚房的椅子上了。檸檬方塊要用的材料也已全部擺在桌上，但她還沒開始攪拌材料。她說她在等我，因為她怕自己做一做會忘記，誤放兩次同樣的材料。我

20譯註：檸檬方塊（lemon bar），一種烘焙點心，分成底層的餅皮和上層的檸檬醬，餅皮的麵團用麵粉、奶油、砂糖、少許鹽揉成；檸檬醬則用蛋、麵粉、糖、檸檬汁、檸檬皮混合而成。餅皮先烤過一次後，上方鋪上檸檬醬再烤一次，烤出來的成品通常切成小方塊，因而得名。

說我會幫忙，她說：「太好了，因為檸檬方塊是要讓你帶回臺灣的。」

媽媽去世前大概有一週臥病無法下床。她過世前一天，最心愛的一位外甥女帶輪椅來探望她，建議我們帶媽媽到外面的後院看看。因此我們把媽媽抱到輪椅上，到後門的時候，媽媽輕聲向外甥女說：「我想讓你看看我的香草園。」可惜輪椅沒辦法通過狹窄的門，所以媽媽只能從門口看看花園。不久之後媽媽就陷入昏迷。我會永遠記得，她在生命最後提起的是我為她種的香草園。

媽媽過世之後，我一半的生命似乎也隨她而去。那時我守在家裡，在媽媽的病床邊看她嚥下最後一口氣；雖然我身為清泉的教區神父，見過許多人死去，但媽媽的離開非常不一樣。自從我小時候爸爸過世之後，媽媽一直是我生命中最重要的人——也是我最愛的人。有人說，只有等到父母都辭世之後，我們才會真正成為大人。或許這是因為我們心中的小孩此時也一同死去——而我們終於長大。

媽媽葬禮的前一天，我呆坐在後院。看看香草園，看看我種下的果樹，看看花花草草，草有點乾枯，好像從來不曾翠綠過，這時我的目光忽然被檸檬樹牢牢吸住：樹上結滿了黃澄澄的成熟檸檬，樹枝因為檸檬的重量幾乎垂到地上。我立刻知道自己該做什麼。

我跑回屋裡，把所有找得到的大紙箱都拿出來，然後開始摘檸檬——上百顆的檸檬——直到樹上一顆檸檬也不剩。摘完之後，箱子裡滿是又黃又漂亮的熟透檸檬。我看著幾乎空空如也的檸檬樹，哭了起來。我一直哭、一直哭，哭到好像再也流不出淚為止。然後我把箱子一個接一個搬到對面的鄰居家。我請他們把這幾箱檸檬都放到教堂，這樣在喪禮過後的餐會，我可以把檸檬發給來賓。接下來，我回到廚房，找出媽媽的檸檬方塊食譜。我把食譜打字，印了好幾百份。

隔天，葬禮結束後，我們回到教堂用餐，這時我開始把檸檬發給所有來賓。我告訴他們，這些檸檬是從媽媽心愛的檸檬樹上採下來的，是媽媽送給大家的離別禮物。想要的話，也可以拿一份媽媽的檸檬方塊食譜。餐會結束時，檸檬發光了，食譜也拿光了。一星期內，我從朋友、鄰居那裡收到好幾盤檸檬方塊，他們希望我嘗一嘗，看看是不是跟媽媽做的一樣好吃。

送出這些美麗但酸溜溜的檸檬，看它們變成美味的檸檬方塊——這麼簡單的動作就讓我再度打起精神。我可以看見媽媽對這個舉動報以微笑，瞭解其中更深刻的意涵：最重要的是和他人分享我們的生命——直到再也不剩什麼可以分享。我知道園藝也對清泉的人也充滿意義，正如園藝對媽媽充滿意義一樣——只要以愛為出發點。

23 清泉的孩子

媽媽過世後，我回到清泉，大半時間都在寫書、做彩繪玻璃。我會拜訪移工，也在我們的幼兒園教英文；此外，當然還有清泉教區神父的日常工作。我的生活充實，也看似很有意義，但還是少了什麼。有時候我會想自己是不是在用工作埋藏內心的悲傷。

那時候我在幫朋友的網路部落格寫鬼故事，是好幾個月前就開始創作的奇幻小說，那時候我還一邊在照顧媽媽。如果當時有人問我最害怕什麼，我會承認自己最害怕失去媽媽。也許是為了壓下恐懼、讓自己分心，我每天晚上都寫一兩頁鬼故事。媽媽擔心會不會有人從網路上把故事「偷」走，但我告訴她故事沒有那麼出色，如果真的有人拿走，我會覺得受寵若驚。

一開始，故事很簡單，講的是友善的鬼魂如何在我們需要的時候伸出援手，但隨著我越來越投入，鬼故事篇幅越來越長、越來越複雜，終於變成一本書，小說裡的每個角色好像都在告訴我，他們接下來要做什麼。媽媽過世時，我的小說已經接近完成。但之後，一切停擺下來，小說裡的角色彷彿煙消雲散。我再也沒有任何靈感。

後來，回到清泉卻發生了奇妙的事。有天早上，我正在開電腦，聽見身後的窗戶傳來一聲輕敲，那是我辦公室唯一的一扇窗。我轉過身，看見一隻腹部橘色的美麗鳥兒正跳上跳下，啄著玻璃。這樣忙了一陣之後，牠停在窗外懸垂的電腦線上。然後振翅飛走，而我開始打字。

隔天一樣的事又發生了——再隔天也是。就這樣持續了好幾週、好幾個月。每天一聽見啄窗聲，我就轉過身去，笑著迎接我的鳥朋友，然後開心的打起字來。有時候牠啄得規律有節奏，有時候似乎狂亂不羈。我覺得鳥兒在試著想傳遞給我什麼訊息，或許是想鼓勵我。每次牠一來訪，我就忘卻憂傷，對自己微笑。

整件事最奇特的地方是，我正在寫作中的鬼故事恰巧是死者靈魂以動物形態返回人間的奇幻故事。

不知道這隻鳥兒會不會是我認識的人的靈魂。有可能是媽媽的靈魂嗎？媽媽想要告訴我什麼嗎？

驚人的是，這隻鳥兒接下來兩年幾乎每天早上都來我的辦公室敲窗。在這兩年中，我不只寫完了一本小說——《魂縈夢繫》（*Ghost Friends*）——還寫出另外五本書。真不知道自己怎麼辦到的。

然後，時序進入初冬，樹上大部分的葉子都已落盡，我們的部落籠罩在霧氣之中；一天早上，我聽見門外傳來好多鳥的響亮鳴叫。我衝到屋外，看見教堂旁邊大樹的光禿枝椏上站了滿滿一大群腹部橘色和黃色的鳥兒；現在我知道他們叫灰喉山椒。

下一刻，所有的鳥振翅齊飛，飛進霧中，再也不見蹤影。我猜想，「我的」鳥兒應該也是其中之一，因為牠再也不曾來敲我的窗了。牠走了，我很想念牠。雖然我很感謝牠兩年來的陪伴——以及我們一起完成的種種——但我還是不知道這隻小小鳥兒到底想和我說什麼……

媽媽在世的時候——特別是我常常回去照顧她的最後那幾年——有人需要我。這份「需要」為我的生命賦予意義。修理媽媽的房子、重新粉刷某個房間，或是在花園裡工作——這些全都是為了媽媽而做，全都是為了愛。現在，這份愛被帶走了。我的生命中再也沒有任何強烈的需要——或是愛。

但或許愛就在那裡，只是我還沒找到。

有一天，清泉小學的校長問我願不願意幫學生上幾堂美術課，我欣然接受她的邀請，校長說我可以幫三、四、五年級的學生上課。

「為什麼六年級不一起？」我問。

「因為他們太調皮了，」校長回答，「你會管不住他們。」

我請校長不論如何還是讓我試試看。因此，我教完三、四、五年級的學生之後，校長帶我到六年級教室。裡頭確實瘋成一團：一個學生在打鼓，其他人在教室四處奔跑、尖叫，有些人互相丟書，砸來砸去。校長勉強讓他們安靜下來，告訴學生我會教他們畫畫。於是我開始教他們我的標準畫臉法，用雞蛋形畫臉。

剛開始學生還算安靜，但不到五分鐘，場面又再度一片混亂。學生大聲吵鬧，我幾乎聽不見自己說話的聲音。不過，我從一桌走到另一桌去看學生的畫作時，發覺顯然有幾個學生真的對藝術感興趣。上完一節課，我筋疲力盡，覺得教學成效有限。走出教室的時候，我注意到校長站在外面，好奇的盯著我看。

「我以前從來沒看過學生這麼安靜。」她說，不可置信的搖搖頭。

「安靜？」我大叫，「我在教室裡幾乎聽不見自己說話的聲音。」

「喔，那你應該看看他們平常是什麼樣子！」她說。

隔天一早——那天是星期六——兩個六年級生帶著紙和鉛筆來到我的門前，問我能不能再教他們畫畫。之後，又有幾個學生過來，想要借籃球；有些學生只是來找我聊聊他們可憐的家庭生活。沒過多久，我就跟這些六年級生變得很熟；我們漸漸成為朋友。所有學生之中，我最喜歡六年級生。

孩子家裡很窮，買不起電腦，所以他們常常來問能不能跟我借多的那部電腦打電動。後來，我終於意識到他們可能是來看電腦的，不是來看我。不過這再自然不過了，我也不介意，只除了電動遊戲實在很吵。看他們聚在一起玩真開心。

過了不久，當地的扶輪社送我們新電腦——多到足以在教堂入口對面設立電腦室。電腦室（或是「網咖」，孩子們都這樣叫它）成為全部落孩子的焦點。這不是他們種種問題的最佳解答，但也不是最壞的答案，而且在當時看來，電腦似乎正是他們需要的東西。除了打電腦遊戲之外，有些孩子還學會跳街舞，最後厲害到可以表演給大家看。

許多孩子都很野，他們來自破碎家庭。有些孩子長大之後輟了學，有些後來進了監獄。儘管我努力影響他們，但幾乎沒有孩子改變行為；不過，孩子裡也有幾個「成功案例」。雖然我努力改善他們的生活，但我知道接受年輕人的本來面貌也很重要，我為他們禱告，希望他們未來會有更好的生活。

或許這些孩子沒有在學校找到多少意義，但他們充實了我一度空虛的生命，為我的生命填滿新意義。說起來，是這群六年級生「拯救」了我。他們給予我的遠比我能給他們的更多。孩子教會我關注他們需要什麼，以及我可以怎麼幫助他們。在這個過程中，我發現自己在為他人而活，而非為自己而活。

或許那隻腹部橘色的小小鳥兒鍥而不捨的敲啄我窗，就是想告訴我這點。

24 為主創造美好

小時候，我會向媽媽抱怨，不想掃屋前的人行道或是修院子的草。「為什麼要打掃人行道？」我會問她，「反正掃完又會再髒。為什麼要修院子的草？反正修完草又會再長起來。」媽媽沒有被我的邏輯打動。「因為我們不想住在垃圾堆裡，原因就是這樣，」她會這麼回答，「所以乖乖去打掃。」年紀稍長之後，媽媽對乾淨環境的熱愛成為我個性的一部分，我聽從了她的教誨。

多年以來，每天散步在規模不大的破敗清泉老街上，舉目所及滿是未經粉刷的房子和坍塌的屋頂，讓我相當煩惱，走近友愛互助社（簡稱互助社）和社區商店殘破不堪的廢棄建築時，更是格外苦惱。互助社和社區商店早已倒閉多年，這棟建築再也無人使用。二〇〇四年，艾利颱風把荒廢的屋子埋進泥沙堆中，部落裡這棟破爛腐朽的老屋更加醜得刺眼，但大家完全不打算再修理或使用它。對我而言，這棟老屋矗立在部落裡，是萬念俱灰的絕望徵兆，也象徵我們部落多年來幾乎對萬事皆漠然以待。

有一天，我沿著老街散步，仰望這棟廢棄老屋時，看見清楚的神視（vision），預見房子如果翻修完會是什麼樣子。我看見美麗的文化中心，部落裡不分老少都可以來參加社區活動和進修課程。不過，我尤其把這裡視為部落文化和學習的中心，供部落青年使用。年輕人目前無處好去，只能擠在教堂狹小的電腦室。他們值得更好的地方。我們會建立青年活動中心。

二〇一〇年，趁著春節假期，我動員部落年輕人，把廢棄建築裡的泥沙和瓦礫清出來，刮掉發霉的牆壁，準備把房子翻修成青年中心。後來一位建築師朋友免費幫我們畫好翻修平面圖，但我們還沒有資金，因此繼續耐心等待。這只是第一步，我不確定之後該怎麼做。

這不是我第一次翻修老建築。我曾經花好幾年的時間翻修五峰山區的三間廢棄老教堂。這三間教堂不屬於我的教區，但當時負責管理這些教堂的老神父無法獨力把教堂修好。雖然這三間教堂幾乎沒有教友，但我還是想把教堂修好，因為每間教堂都是

「上主的聖所」，我覺得不該棄置不顧，任其毀壞。

第三間教堂的翻修幾乎辛苦到讓我吃不消。當時是邁向二〇〇〇年的最後幾個月，教堂位在山上花園部落的河邊，離清泉大約四十五分鐘車程。花園部落的教堂搖搖欲墜，還有可能掉進河裡。面河的一堵牆已經倒塌，其他幾面牆不久也會塌陷，教堂將隨之傾圮。

我拚命尋找資金，想修好擋土牆，但要找到修繕教堂的資金實屬不易。比起援助社會工作，大家好像沒有興趣捐錢修理一座已經無人使用的廢棄老教堂。最後，在好心老主教的幫忙下，我得到一筆資金，剛好足夠築起新的擋土牆。但是，因為我拿不到多的錢雇用工人翻修教堂，所以我必須自己來，加上來自菲律賓的同事阿寶和我一起工作。

阿寶和我，我們兩人三個月來幾乎天天都在修理花園教堂。我們把牆壁的油漆刮掉、重新蓋好門廊、修理窗戶、挖了化糞池，再裝好管道系統。有時候，我會想自己什麼都願意做，只要不必做眼前這些看似永無止境的工作就好；但我覺得這件事還是必須完成。

我們翻修教堂的每一天都會遇到問題。比方說，我們有一次費了好幾小時在山坡安裝大水槽，結果隔天水槽就滾下山坡，摔進河裡。或是有一次，我終於找到威力夠強的化學藥劑，可以去除油漆，後來才注意到化學藥劑也會去除我的外套——每次我不小心灑到袖子時，衣服都燒出一個一個小洞。又或者像有一次我請鄰居沿教堂矮牆漆出邊界，後來才發現（令我相當沮喪）鄰居喝醉酒了，那面牆看起來就像畢卡索的大作。

翻修花園教堂時正值冬季，是歷年來最冷的冬天。我在戶外工作時，覺得自己就像根結實的冰柱。每天我們都在教堂長時間工作，粗重的勞動開始一點一點的影響我的身體。除了背後、雙手、雙腳都有幾處肌肉拉傷之外，因為我們使用強烈的化學藥劑和油漆，我便吸入過多有毒氣體，肺部因此作痛；我不只染上感冒，還一直嚴重咳嗽。

聖誕節到了，主持完聖誕彌撒，我在彌撒後的派對待了一會，然後就開車到花園部落，繼續整修花園教堂，獨自工作。那時候我心想，不知道自己是不是全世界唯一一個在聖誕節當天做粗活的神父。我疲憊不堪，開始為自己感到難過。或許整個翻修計畫完全是個大錯誤，或許我應該忽視這間破舊的老教堂，就跟其他人一樣。人們不在乎，政府不在乎，教會……好吧，教會幫了一點忙。但我還是繼續工作，整修已經接近完工。再過幾天就是新年，我希望在新年之前把教堂修好。

到了跨年夜，終於修好花園教堂了。我拖著勞累的身體回家上床睡覺。隔天早上，在清泉教堂主持完新年彌撒之後，我走到外頭，躺在長椅上。那天難得放晴。過了一會，我注意到教友都回家了，有幾個訪客來和我說話。我試著起身迎接他們，卻發現自己完全站不起來。我的全身就像果凍一樣，甚至連走路的力氣都沒有。

我的身體虛弱不堪，之後短短幾天，我的感冒病情越來越加重，還染上嚴重的肺部併發症。我倒在辦公室的沙發上，小狗黑白在我腳邊。我病得很重，覺得自己即將撒手人寰。不過，既然花園教堂已經修好了，即使一死似乎也無礙。我準備好迎接死亡。

臺北的賴甘霖神父（Father Rabago）也是醫生，專門照料臺灣耶穌會會士的健康，他聽說我的狀況之後，專程來清泉看我。他那時八十多歲，本書完稿時，他剛剛過完百歲生日。或許他能健康長壽，正是因為慷慨的賴神父總是關心別人的健康勝過關心自己。賴神父來到我的辦公室，我努力想表現得開心一點，但我非常沮喪。我指著房裡的藝術藏書，淚流滿面的告訴他，或許我再也用不到這些書了。我覺得自己的事工已經完畢。我不知道自己做得好不好，有時候覺得自己一事無成。

賴神父察覺我的痛苦，他握住我的手，以近乎嚴厲的神情看著我，相當高聲的驚呼：「你完成的這些事，捨你其誰？」他在空中揮舞雙手，又再說了一次：「看看你完成的一切美好之事！沒有人可以做到這些。你不是一事無成，你只是一時崩潰而已。」

直到那時，我才瞭解自己的身體確實崩潰了。我的身體各部位都無法正常運作，力氣也完全耗盡。經過好幾個月的休養，也花了很多努力，才終於康復。不過我的健康確實恢復了；花園教堂也依舊屹立，沒有掉進河裡，後來經過新派駐的雷敦龢神父（Fr. Edmund Ryden）照料，顯得比以前更加動人。至於我，我發誓再也不做這種事了。我永遠不會再翻修房子，永遠不會再做這種險些害死自己的工作。

不過，我當然沒有遵守誓言，我當然又做了這種事。廢棄老屋就在清泉老街上等著我，上面彷彿掛著牌子寫說：「修理我，拜託！」

我詢問當地政府，我們能不能翻修舊的互助社建築，把那裡變成青年中心；政府說只要互助社同意整修就沒有問題。互助社的社員有將近兩百人，他們欣然同意，但表示他們也關心自己拿不回來的互助社存款。這是另一個需要解決的問題。只整修房屋卻不解決互助社的債務，就像只讓身體恢復健康，但靈魂卻沒有痊癒。不過，當時我對兩者都毫無頭緒。

這時候——二〇一一年夏天——一群來自各國的年輕老師來到清泉，教我們的孩子藝術和攝影。這群老師的領導者是瑪琳達——一位才華洋溢的藝術家，她偶然問起我有沒有計畫需要資金。她說，如果有的話，歡迎我把孩子創作的藝術品和攝影作品拿去拍賣，為計畫籌措資金。我後來得知瑪琳達做的事類似直覺治療師，擁有特別的天賦，可以在他人需要時伸出援手。我告訴她，我希望把廢棄老屋改造成青年中心，瑪琳達一聽就說，這必定就是他們會來這裡舉辦藝術和攝影工作坊的原因。

瑪琳達和她威武有力的先生史蒂夫（史蒂夫是武術老師）、他們的兩個金髮孩子、三隻狗，很快就成為清泉的常客，籌畫後來稱為五峰計畫的活動，目標是幫忙募款，把老舊傾圮的房屋改造成青年中心。

不久之後，我們在臺北的原住民族中心（原民風味館）舉辦成功的拍賣會，賣出孩子的藝術品和攝影作品。有超過十七國的外國專業人士來到臺灣工作，透過他們的慷慨相助，加上臺灣善心人士和基金會的協助，我們募得足夠款項，可以開始整修青年中心。

二〇一二年五月，我為開工主持祝福典禮，房子搭起鷹架。工程順利進行了兩週，然後問題出現了：有人向當地政府投訴說整修工程違法。老屋的租約沒有更新，因此這棟建築的產權似乎又歸政府所有。我在非法整修公家財產，工程被勒令停止。

這下如何是好？工人忙著整修，材料已經買了，資金也募來了，就連青年中心新落成的開幕儀式也準備好了。我希望政府能重新考慮，讓我們繼續完成整修。我提到以建築物現在的狀態，下次颱風來襲很可能會倒塌，壓壞附近的房子，政府官員直到聽我這麼說，才勉為其難的同意讓我們完成整修。我也向他們保證，我們只是想把房子修好，不是想擁有它。官員花了好一陣子才理解我執行的計畫是為了村民的公益，不涉及任何私利。他們對這樣的事顯然前所未聞，是全新的經驗。

雖然現在資金足夠翻修老屋，但我心想，如果我們再更努力一些，能不能一併解決互助社的問題。互助社有大筆債務需要清償，互助社社員借了錢沒有還，把錢存在互助社的人拿不回存款，因為互助社一點錢也不剩；此外，互助社還向其他互助社借了錢，但從來沒有還。

驚人的是，短短三個月內，我們不只募到足夠的資金，可以把搖搖欲墜的老屋改造成煥然一新的青年中心，資金也足以讓所有互助社社員取回存款，豁免貸款未還的人的債務，也把向其他互助社借來的錢還清了。經過不可思議的幾個週末，看村民排隊取回存款，之後互助社正式關閉。籠罩部落多年的烏雲終於煙消雲散。

短短時間內能成就這麼多事，是千真萬確的奇蹟。天使似乎在這個計畫中守護我們、幫助我們，而事實的確就是如此——只不過他們是彩繪玻璃天使。

25 彩繪玻璃天使

很多人看到清泉教堂的彩繪玻璃窗，都會問這是怎麼做的，還有他們能不能買彩繪玻璃帶回家裝飾。彩繪玻璃是一種獨特的藝術，在臺灣尤其如此，而且大家對彩繪玻璃所知甚少。

雖然我之前曾經考慮製作彩繪玻璃畫作來賣，但我猶豫不決，因為玻璃畫作創作費時，而且每一件作品都要手工打造。教區神父的工作和幫助村民、年輕人佔去我大多數時間，而我的時間就只有這麼多……

不過現在，為了籌措新青年中心的資金，以及解決互助社的債務，我們需要一大筆錢，我判斷製作彩繪玻璃畫作會是賺到這筆錢的最佳方法。雖然要花很多時間和精神，但值得嘗試，只要我能找到彩繪玻璃畫作的買家。

畫作的主題決定是天使。至於原因？就像過去的藝術家，我也覺得想像得到最美的容顏莫過於天使的容顏，而且我喜歡畫臉。我希望每幅天使畫作都獨一無二、各具特色（不只是件紀念商品），本身就是藝術品。

因此，我開始創作彩繪玻璃天使。但時間不足的問題依舊存在。好像只要我一畫起天使的畫像，就會有什麼事來打斷我：工人來問整修工程的事，訪客想跟我聊天，建築耗材需要採購，還有不時響起的電話。有一次，我正在畫面加上精細的陰影，這時電話忽然響起，我氣急敗壞的接起電話，大叫：「沒看到我在忙嗎？」但尷尬得不得了，我發現是我的長上來電關心我的近況。那時我才意識到天使計畫亟需援手。

幸運的是，在我需要幫忙的時候，一位活生生的天使及時出現。他是來自臺東卑南族的藝術家巴那外・乎道，我們都叫他江田，他當時正好待在清泉。江田表示願意幫我畫天使，特別是描出一開始的線條。他也為這些畫作策畫了後來的展覽和拍賣會。如果沒有江田的幫忙，天使計畫永遠不可能完成。

我決定把每位天使都畫在未經切割的整片玻璃上，然後再加上彩繪玻璃的外框。製作過程如下：首先，把畫像用黑色畫筆線條描到玻璃上，然後把玻璃送進窯裡高溫燒製。窯燒之後，為了加入明暗和顏色，我們將顏料塗上玻璃，再次燒製，重複六次或六次以上，終於大功告成。

加工玻璃的快樂之處在於看到巧妙的明暗變化、柔和的顏色成功地顯現出來。痛苦之處則是看到玻璃畫作（有時候已經做了好幾星期）無緣無故破在窯裡。幸好後者不常發生。

這些彩繪玻璃天使花費許多時間和心力才完成。江田和我把心靈和靈魂灌注到每幅畫中，盡我們所能做到最好。我希望天使具有生命，而我覺得他們真的有生命。偶爾會有無法修正的小缺陷，但就連缺陷也有意義，因為這些畫作出於手工打造，而非工廠生產。看著成品，我希望每幅畫都被視為藝術品，未來的歲月有人善加珍惜。

天使常是宗教繪畫的主題。過去的藝術家欣然接受挑戰，努力畫出天使非凡的美。他們把天使純粹的靈魂描繪得彷彿擁有身體，但天使其實沒有身體。不過，假如天使擁有身體，或是化身為人類的樣貌，那天使會是我們能夠想見的最美的生物。他們會超越人的美。

彩繪玻璃是最適合彰顯天使脫俗之美的媒材。光線從彩繪玻璃流瀉而過時，畫作會呈現半透明的靈性之感，這是一般繪畫達不到的。為了成就這樣的光輝，必須經過冗長繁瑣的工序，將好幾層彩繪玻璃顏料畫上玻璃，然後把玻璃送進窯裡反覆燒製，直到玻璃達到理想的深度和光澤。

彩繪玻璃經過窯燒，所以不會褪色，妥善保存的話，幾乎可以永遠存在。歐洲的大教堂仍然擁有歷史超過八百年的彩繪玻璃。矛盾的是，玻璃這麼脆弱的媒材，卻被做成史上數一數二禁得起歲月考驗的藝術品。

我畫天使的時候心裡想些什麼呢？首先，我會想到每位天使的個性和特殊才能。有些天使賜予寧靜，有些給予引導，有些則給我們勇氣和恩典。其次，我會想到錢。我們需要錢資助青年中心，也要解決互助社的債務。錢永遠是激勵人心的因素。

一旦畫作完成，我們就捨不得轉讓出去。天使畫作獨一無二，讓人難以輕易放手。每賣出一幅畫，就像割下自己身上的一小塊肉一樣。不過，出售畫作是為了有價值、有意義的目的，希望畫作對它的買家也深富意義。

我確信天使也在幫我們完成計畫。我們最後在短短三個月內完成了三十幅天使畫作。之後，我們得到富邦文教基金會的慷慨贊助，在他們的藝廊舉辦展覽和拍賣會，拍賣所得正好是我們需要的金額——一分不多，一分不少。經過這件事，我知道天使就在我們身邊，即使我們看不見。但是，假如我們看得見天使——假如我們看得見天使的容顏——他們該有多美啊！

現在回顧當年，整個天使計畫就像上天賜給我們的禮物。不過計畫並非一帆風順，有時候我會覺得自己在做的事遠遠超出能力所及，或許這個決定是一大錯誤；不過最後一切圓滿收場。天使無疑在計畫中幫助我們，從天上傳來他們的力量。說不定他們甚至很高興看我們畫出想像中天使的樣子。對我而言，這個計畫實現了我多年前發起的夢想。

五歲時，我剛開始上教堂，那時我愛上了彩繪玻璃。我覺得教堂又小又擠，氣氛沉悶又封閉得可怕。為了逃避教堂的黑暗，我仰望明亮的彩繪玻璃窗。年紀大一點之後，窗戶上美麗的人物和色彩依舊深深吸引我的目光。我很少聽神父的講道在說些什麼，對我而言，講道不在口中的話語，講道畫在窗上。

我喜歡去教堂看窗戶。有時候其他孩子在外面玩耍，但我會一個人去教堂。光線和色彩看得我眼花撩亂，我也好奇彩繪玻璃窗是怎麼製作的。深紫色和深藍色好像在向我大聲宣布上主的存在。我在這間老教堂學會禱告，彩繪玻璃畫的耶穌、聖母瑪利亞、聖人、天使都陪我一起禱告。同樣也是在這間老教堂，我第一次想要成為神父，當時我只有九歲。

多年後，我回到家，發現深愛的老教堂消失無蹤，新教堂蓋了起來。教堂裡再也沒有彩繪玻璃窗，只有寫著字的布幔旗幟。教堂變了，社會邁向了新紀元。或許電視螢幕的螢光取代了彩繪玻璃的光輝。數十年後，彩繪玻璃似乎成為失傳的藝術，極為罕見，只有在非常古老的教堂才看得到。

身為清泉新派駐的神父，我非常希望我們的教堂能有彩繪玻璃窗，但不知道該怎麼製作彩繪玻璃。雅威（Yawee，漢名施英輝）的到來解決了這個問題。雅威是我在蘭嶼的老朋友，天生擁有出色的工藝能力，此外，就像他的許多達悟族人一樣，他也擁有木雕的才能。雅威和我一起在教堂工作了一陣子，後來，我安排他到臺北的彩繪玻璃工坊當三年學徒。三年學徒生涯結束後，他和哈娜（Hana，漢名葉靜娟；我的傳教員）結婚，在清泉開了一間彩繪玻璃工坊。我們花了一些時間試著為自己的教堂加上彩繪玻璃，實驗成功之後，也開始為其他教堂製作彩繪玻璃窗。

製作彩繪玻璃非常講究技術，也很耗時。幸好我找到一些專書，同時也有機會參加幾個短期工作坊，精進自己的技術。我負責做設計、畫玻璃、選擇要用的彩色玻璃種類，而雅威負責「鑲嵌玻璃」——也就是切割玻璃，再用鉛或銅箔把玻璃焊在一起。

清泉的新青年文化中心落成幾年之後，我想到了另一個主意，這個主意會需要我們再次製作彩繪玻璃畫作。上次廢棄老屋的翻修大獲成功，既然如此，我心想，何不翻修整條清泉老街——連上面那條街也一起翻修？何不讓我們整個破舊的部落改頭換面，變得嶄新而輝煌——成為藝術品？

不過，這同樣又需要資金，我們已經沒有錢執行這樣的計畫。我開始思考有沒有可能展開新的彩繪玻璃計畫，這時另一位活生生的天使奇蹟現身，向我們伸出援手，就像上次一樣。這位天使是裴速（Vaisu，漢名陳文成），泰雅族人，老家原本也在清泉。裴速剛剛出獄，他在監獄裡度過了十年的青春歲月；幸好他在服刑的時候一邊學畫畫。裴速本來就很有藝術天分，他進步神速，成為班上最優秀的學生。出獄之後，大家甚至想邀裴速教其他獄友藝術；但我同時也有一份工作給他，裴速欣然接受我的提議。

這次，我們不只畫彩繪玻璃天使，也畫經典電影的浪漫人物和場景，主題叫作「愛的容顏」。所有收入都會用來翻修清泉的兩條主要街道，以及修繕粉刷附近大約五十間房子。因此，我們計畫在短時間內製作五十幅以上的彩繪玻璃畫作——工程將會十分浩大。

我們每天都努力製作這一系列的彩繪玻璃畫作，投入的不只有裴速和我，還有江田和雅威。我們簡直就像工廠，還架起了類似生產線的東西。但我們的成果仍然清新獨特——迥異於臺灣其他一般看得到的作品。讓我們向前的動力，是希望我們部落本身也能改頭換面，展露全新的「愛的容顏」。

六個月內，我們完成了超過五十幅彩繪玻璃畫作，然後再次準備在臺北富邦藝廊舉辦展覽和拍賣會。和上次一樣，這次大部分的彩繪玻璃畫作也順利賣出，剩下幾幅畫後來在臺北一〇一藝廊的第二場展覽售出。現在，我們募得了所需的全部資金，可以翻修清泉主要的街道和房舍。不過，就跟上次一樣，我們又碰上了大麻煩。

我們才剛開始翻修教堂下方老街的房舍，這時候發生了嚴重的土石流。支撐我們教堂長達五十年的老石牆坍塌了，數以噸計的泥沙石塊於是衝向下方的階梯和道路。

幸運的是，雖然當時附近正在舉辦籃球賽，有將近一百名青少年在附近打球，但沒有人被落石砸傷。土石流當然和整修計畫無關，但還是讓我自問：現在如何是好？我應該暫停整修，專心修復土石流的破壞嗎？我要怎麼拿出錢來，支應這場新災難造成的損失？

不過，新竹縣政府迅速採取行動，他們認為情況相當危險，因此派工人來進行土石流的初步修復工程。同時，我們的工人繼續進行街道兩側的翻修工程。這真是忙碌的時節。我祈禱工人完成山坡修復工程之前，土石流不要變得更嚴重。

即將入冬之際，土石流區終於加固完成，教堂再次安全無虞，政府的工人回家了。雖然土石流區初步修復，但我們還有許多地方要努力，才能全面完成工程，讓山坡重新美麗起來。我又再次缺乏這件事需要的資金，因為我將彩繪玻璃畫作的拍賣所得全數指定用於翻修別人的房子，而非用於教堂。

然後——如你所料——另一位天使現身。她是來自新竹的年輕女士，和我素昧平生，有天早上她剛好來參加我們的主日彌撒。那時我們在教堂門口擺了募款箱，教友如果願意的話，就可以為土石流的修復奉獻。這位年輕女士捐獻之後，問我們之後如果要再捐款，可以透過什麼方式。我們給她一個銀行帳戶，之後我再也不曾見過她。

幾週後，有人告訴我那位年輕女士把我們的土石流修復計畫放在 LINE 上面，附註說歡迎各界捐款。等到我聽說這件事的時候，她發起的募捐已經募得了修復土石流所需的全部資金——另一個奇蹟。雖然我的長上後來斥責我不該未經允許就發起募款活動，但我告訴他我完全沒有參與此事。有時上主的照看不會事先取得允許。

最後階段的山坡美化計畫受到另一位天使資助，天使化身為一位九十歲的善心人士——臺北的余如桐先生。計畫完成後，教堂旁邊遭受土石流破壞的區域看起來甚至更勝土石流之前。

那時我才理解到，天使的化身形形色色、老少皆有。誰知道天使什麼時候會穿過我們的道路呢？當然，通常是我們需要幫助的時候，最有可能是我們想為別人做些好事，卻遭遇困難的時候。

說不定有時候天使其實是我們自己——就在你我之中——在我們向需要的人伸出援手之時。在彩繪玻璃天使計畫中，我們努力讓每位天使盡善盡美。而我相信，真正的天使遠比我們製作的更美麗。但美不只是外在而已，美也是內在——存在於內心。

讓人真正美麗動人的，並非只在於長相，更在於對他人的仁慈、慷慨、善良。就這層意義而言，我們都可以是天使——即使我們其貌不揚也無所謂。真正的天使是付出關愛的人。只要努力，我們每個人都能做到。

26 我特別的天使

我的生命中一直有位特別的天使。不論我身在何處，大哥傑瑞永遠離我不遠。對很多臺灣人還有亞洲各地的人而言，哥哥是大家熟悉的「傑瑞叔叔」，因為他曾經在電視上主持活潑的英語教學節目。事實上，傑瑞的媒體工作或許讓他成了世界上第二知名的神父，僅次於教宗。雖然他對臺灣和世界的影響如此廣大，但對我而言他只是傑瑞，我善良又優秀的大哥，我的天使。

傑瑞二〇一七年五月死於心臟病——突如其來，讓人毫無心理準備；他過世後，我很難想像他已經不在身邊。但我相信傑瑞只是踏上旅程——前往山的另一頭，這個想法讓我感到安慰。等時候到了，我也會追隨他的腳步，就像我一直以來都是如此，然後我們會再相聚。在那之前，還有我們年輕時代的回憶……

傑瑞從小就聰明又有才華，媽媽說他一出生就識字。雖然這是誇大其辭，不過傑瑞的確把爸媽念給他聽的圖畫書裡的故事背了起來。之後，他會一頁翻過一頁，把故事「念」給我和其他的小小孩聽。傑瑞六歲的時候，我四歲，我記得他有一次就這樣念圖畫書的故事給我和我朋友小史蒂夫聽。

故事出自《聖經》，講述先知摩西帶領他的子民（以色列人）渡海出埃及。我最喜歡的情節是海水分開，先知摩西和以色列人穿過紅海走到另一頭，逃離國王憤怒的軍隊。

「你喜歡這個故事嗎？」傑瑞念故事給我們聽，念完後這樣問小史蒂夫。金髮小史蒂夫個頭很小（即使以四歲孩子來說也算矮），而且很安靜。小史蒂夫沉默不語。

傑瑞又問了一次，他還是沒回答。

「我猜你朋友不會說話。」傑瑞挫折的對我說。

「我也會說話，去你的！」小史蒂夫大叫，氣得脹紅了臉。

那是我們第一次也是最後一次問小史蒂夫這個問題。

雖然小史蒂夫很安靜，但他是天生的領袖。有一天，他召集我和其他幾個四歲的朋友，計畫「離家出走」。

那時候，我們住的房子在山丘頂上，俯瞰公路。小史蒂夫指著下方車水馬龍的道路，就像先知摩西一般，而我們是他的子民。我們立刻明白小史蒂夫會是帶我們穿過馬路的人——朝向遠方的「應許之地」。

趁大家的媽媽全都忙著做家事，小史蒂夫選擇這個時間執行我們的逃跑計畫。大家跳上三輪車，衝下山丘；山坡越來越陡，我們的車速也越來越快。衝下一個、兩個、三個街區——終於抵達山腳，緊鄰繁忙的街道。

準備過馬路時，我們六輛三輪車乖乖停下來，等交通號誌變成綠燈。然後我們飛快踩著踏板，過到馬路的一半，停在中間狹窄的分隔島上。同時，燈號變紅，我們繼續等紅綠燈。

就在此時，我們看見她們。原來傑瑞把我們的逃跑計畫告訴了媽媽，然後媽媽又通知了鄰居；我們對此一無所知。就像憤怒的埃及大軍追擊剛跨過紅海的先知摩西和他的子民——她們來了：我們的媽媽！

我們被困在馬路中間的分隔島上，渴望的看著另一頭，這時媽媽們氣急敗壞的尖叫吶喊打斷了我們的冒險，粉碎了我們的計畫。不過片刻，她們已經穿越馬路，過來抓我們。

接下來這一幕和先知摩西的故事大異其趣。我們得不到自由，眼前無路可逃。孩子們一被拉下三輪車，就是一頓好打好罵。

我所有的四歲同伴都被他們的媽媽揍了一頓，就連過馬路回去的時候也一直挨揍，身後還拖著三輪車。我清楚記得當時的感覺：我為朋友感到可憐。不是因為他們被打屁股——同樣的命運肯定也會降臨在我身上——而是因為他們在公共場所被打屁股，在所有人面前。

媽媽對我的感受體貼得多。我記得自己看著她的臉，緊緊抿住嘴唇。但她沒有打我的屁股——沒有馬上打我。她只說：「等你爸回家，我會把事情告訴他。」

媽媽顧及我的感受，沒讓我在其他人面前丟臉。不過，我的懲罰會比其他小孩更重——不管是身體上還是心靈上。

爸爸打屁股直接用手，揍起人來比媽媽痛得多，媽媽是用棍子打。除了身體上的疼痛，還要加上等待爸爸下班回家的折磨，這段期間我心知肚明他會怎麼處罰我。

雖然會受罰——受罰也是我應得的——但我會永遠感謝媽媽的體貼。不過，我還是覺得我們竟然沒辦法順利過完馬路，真的很可惜。我絲毫沒有想到，將來會有更遠大的冒險，屆時三輪車會變成飛機，公路會變成大海，和家人的分離將以年計，而非只是片刻。

小史蒂夫有個哥哥叫強尼，跟我哥哥傑瑞同年。小史蒂夫和我喜歡跟強尼和傑瑞一起玩，但因為我們年紀太小，他們常常會從我們身邊「開溜」。「開溜」的意思是，不想讓年幼的弟弟跟前跟後的時候，就設法擺脫他們。

有一天，我跟著傑瑞和強尼走到離家不遠的大草原。小史蒂夫不在，所以我真的很想和傑瑞跟強尼一起玩。有好幾片大型厚紙板擱在地上，我撿起一片，提議大家用厚紙板玩耍。

傑瑞和強尼彼此交換了「開溜」的眼神，然後在我回過神以前，他們已經跑向遠方的幾棵樹。我試著跟上他們，但他們消失在高高的草叢裡。

我無比落寞，把大張厚紙板拖在身後。「又開溜了。」我心想。

不久，我找到一棵遮蔭的樹，把厚紙板丟到樹下，然後整個人倒在厚紙板上，躺著欣賞起朵朵白雲——這是哥哥從我身邊「開溜」之後，我最喜歡的消遣之一。

我躺在樹下，剛開始耳邊有點嗡嗡嗡的噪音，後來嗡嗡聲變成憤怒的咆哮。一大群蜜蜂淹沒了我的頭！我的厚紙板——還有我——一定躺到掉下來的蜂巢了。

我跳起身來，嚇得放聲尖叫，拔腿狂奔。蜜蜂聚集在我的頭髮裡，那時我的頭髮很長又很鬈。蜜蜂掉進我的衣服，嗡嗡叫、不停叮我。一長串的蜜蜂從厚紙板爬到我的頭上，現在拚命上下亂竄，我則在高高的草叢裡繞圈圈狂跑。

忽然間，我感到有什麼東西打在我頭的一邊，然後又打在另一邊。我把眼睛睜開好一會，看清楚發生了什麼事。是大哥傑瑞。他聽見我的尖叫聲，看見一大群蜜蜂從我的頭髮鑽出來，於是撿起那片厚紙板，拿來打我頭上的蜜蜂，打完這邊換那邊——這樣蜜蜂就沒有時間叮我。

傑瑞跑在我後面，把我往家的方向推，同時一邊用力撲打我頭髮裡的蜜蜂。即使他當時心裡有一絲害怕，我也毫無所覺。他一心一意只想把我救離蜜蜂的荼毒。

要是傑瑞不在現場——要是他當時沒有那麼做——也許我還跑不到家就會被叮

死了。

那天晚上，爸媽把我的衣服脫下來，抖出所有蜜蜂，幫我洗澡，洗我長長的頭髮，洗完澡後，我坐在爸爸的膝蓋上，爸爸安慰我。他知道我身上發生了非常可怕的事。

「我覺得頭髮裡有蜜蜂。」我告訴爸爸。

「只是你的想像而已，」爸爸回答，「我們把蜜蜂都抓出來了。蜜蜂再也傷害不到你了。弟弟啊，現在可以安心了。」

「但是我覺得頭髮裡還有一隻蜜蜂，」我堅持，「我可以感覺到牠在爬。」

因此爸爸開始在我濃密、鬈曲的頭髮裡翻找。他一找再找，很快就找到了蜜蜂——最後一隻蜜蜂。他把蜜蜂抓出來殺掉，告訴我現在可以去睡了，別再擔心。

我很感激傑瑞，那次我需要他的時候，他就在身邊。我知道自己小時候一定是個討人厭的小弟，哥哥想「開溜」也是理所當然。但就我所知，「開溜」的情形再也沒有出現過。

過了幾年，哥哥和我最喜歡玩的是「扮演遊戲」。在戶外玩的扮演遊戲有警察和強盜、牛仔和印第安人，或是泰山。那時候剛開始普及的電視和我們讀的圖畫書為我們過分旺盛的想像力提供靈感，我們演出的故事情節越來越複雜。當然，當年沒有電腦或手機讓我們分心，所以我們可以把全副精神都投入虛構的世界。

我們住在長滿樹和藤蔓的一大片空地旁邊，因此泰山是我們數一數二喜歡玩的扮演遊戲。夏日炎炎的那幾個月，哥哥常常除了一條破短褲之外什麼也不穿，皮膚曬得黑黑的，因此他自然而然成為演泰山的人。此外，他年紀比我大，所以可以先選要演哪個角色。他還可以幫我和附近的孩子選定角色。

我們有個鄰居叫柏伊德（Boyd），聽起來跟「男孩（Boy）」很像，所以他每次都演「男孩」——泰山的兒子。雖然柏伊德比我高，但他有點笨笨的，不介意被分配到小孩的角色。柏伊德有個弟弟叫戴爾，頭大身體小，因此是扮演黑猩猩奇塔（Cheetah）的不二人選。

這樣一來只剩下珍妮了。總得有人演珍妮——泰山的妻子。我們家附近的孩子沒有女生，因此傑瑞堅持由我演珍妮。「我、泰山——你、珍妮！」他會用泰山的聲音向我大吼，一邊敲打他瘦巴巴的胸膛。「可是，為什麼我不能當泰山？」我每次都會抗議。傑瑞會耐心解釋，因為只能有一個泰山，而且要有人演珍妮，除了我之外沒有人選了，所以我必須演珍妮。哼。

我們不只在戶外玩扮演遊戲。到了九歲，有志成為導演、製作人的哥哥也會寫劇本，他在遊戲間架起「影子劇場」，我們會在影子劇場把劇本搬上舞臺。劇場用一大片白色布幕構成，布幕從房間一頭延伸到另一頭。我們從天花板吊下一個燈泡，放在白色銀幕後面。「銀幕」前後都放了很多箱子，創造出後臺空間，晚上我們可以從後臺演出哥哥的劇本。

傑瑞的劇本全都是謀殺懸疑案。不知道為什麼，他始終熱愛謀殺懸疑案，直到人生最後的日子，還是最喜歡讀這類書。哥哥的劇本裡永遠都有三個角色：兇手、受害者、偵探。傑瑞同時分飾兇手和偵探的角色，而我當然每次都演受害者。

每齣戲的開頭都是我被謀殺，可能是被長長的刀子殺死（用影子劇場的特效表演起來效果奇佳），或是被巨大的槍響擊倒（用戳破氣球的聲音表現），接著是我刺耳的尖叫。為了讓謀殺更聳動，傑瑞會用拖把裝飾我的頭髮，把我裹在浴袍裡，讓我看起來彷彿手無寸鐵的女性。哼，又來了！

傑瑞每次都會依照電影劇本形式事先仔細寫好劇本，我們為爸媽、鄰居搬演戲劇，或是每次有客人來也會表演。誰能料得到早熟的大哥有一天會在中國製作紀錄片、演出臺灣連續劇，或在電視上教英文？然而，回頭看來，一切似乎都能串在一起。

可惜，長大的過程不是只有開心玩耍。特別是在爸爸過世後，生活變得更沉重，我們必須想辦法賺錢，幫助補貼我們小家庭的家計。當年，年輕小夥子一般的兼職工作是送報。然而，即使想謀一份送報的差事也不容易，如果我們能幫其他放假去的派報員「代班」，就算幸運了。送報需要手腳靈活點，才能一邊騎腳踏車一邊順利丟出報紙，但不讓報紙掉到別人家花園上，或甚至更糟——砸破別人家的前窗。我和哥哥都不是運動好手，因此意外總是三不五時發生。

我最後終於得到一條自己的派報路線，每週送報兩次，送的多半是廣告傳單。這種派報不是騎在腳踏車上送，而是邊走邊送，我身上前後都背著包包，裡頭塞了超過一百份報紙。我被指示要挨家挨戶投遞，不管大家想不想收到。有時候，屋子裡的人會對我大吼大叫，要我別再送這些╳╳╳傳單。也有時候，同學會騎車經過我旁邊，高喊說他們需要跟我拿張傳單「來墊垃圾筒」。這是我最常聽見的羞辱，總是一再聽到。不用說也知道，我送的報紙不受歡迎。不過，儘管相當辛苦，三年來我還是守著這條送報路線，一直送到上高中之前。

我們的派報生涯裡，有個日子我和哥哥永生難忘。那時，傑瑞代班送一條日班路線、一條晚班路線，我代班送一條日班路線，再加上我原本（沒有其他人想做）的每週兩次派報。但是，星期天所有送報都必須早上完成，這代表傑瑞和我星期天早上有四條路線要跑，全部都得在早上六點以前送完。

我們早上不到三點就爬起來，騎著腳踏車穿越漆黑又空盪盪的街道，前往待送報紙存放的地方。警察在路上攔住我們，問我們為什麼深夜在外面遊蕩。我們告訴他我們剛起床，正要去工作。他好像沒有完全相信我們，不過還是放我們離開。一開始，我先幫傑瑞把他要送的報紙摺好，用橡皮筋綁起來。星期天的報紙特別大捆，他的腳踏車一次載不了太多，必須一直回來拿報紙。接著，傑瑞幫我送我代班的路線，等送完之後，我背起包包，前後各背一個，出發去我平常的路線送報。

我送報的人家裡，有一戶養了一隻大丹犬，平常都養在圍繞房屋的封閉籬笆裡。每次我去那戶人家送報，大狗就會衝向籬笆，撲到我面前，幸好總是有籬笆隔在我們之間，所以我很安全。但是，這天早上，就在我即將結束數小時的辛苦工作之際，籬笆的柵門沒關，大狗撲到我身上，撲得我往後倒在背後的送報包上。大狗一直站在那裡，一動也不動的壓在我身上，然後開始舔我。我一直困在這個姿勢，不確定自己困了多久，直到我聽見背後傳來叫聲。

「離開他！」傑瑞在腳踏車上大喊，「退後、退後！」沒錯，又是我的天使——泰山——來救我了。大狗跑走了，我安全了。

我們兩兄弟裡，是我——而非傑瑞——老是陷入料想不到的狀況，而傑瑞永遠是拯救我的那個人。小學畢業前，我已紀錄非凡：從車庫屋頂上摔下來；騎腳踏車撞上停在路邊的車；用棕櫚樹的葉子盪來盪去，結果摔斷了手；手被鐵絲網圍欄劃得皮開肉綻；還有困在下水道污水管裡。

下水道污水管？沒錯——雖然現在看來難以置信，但我們小時候（我六、七歲，傑瑞大個幾歲）喜歡爬進污水排水管，排水管出口在我們家街角。排水管的大小剛好可以讓小小孩擠進去，並且延伸數英里（那時候的感覺）到其他遙遠的地方。因為我們家在峽谷旁邊，水管會往下穿過河床，連到下方的其他排水管。

我們爬進這些管子的原因，跟我們做其他危險或爸媽禁止的大小事的原因，大概如出一轍：我們其中一個人會向對方說：「我打賭你不敢這麼做。」如果不接受這個「打賭」，我們就是「膽小鬼」，所以一定要接受挑戰。

排水管裡伸手不見五指，只能看到另一頭遠遠透進一點陽光。通常，其中一個人會先開始爬，等我們穿過排水管到了對面，另一個人就會跟上。向下通往峽谷的排水管設在陡坡上，所以這是條「單行道」，一旦開始往下爬就無法回頭。這通常沒什麼問題，直到有一次我遇見了蛇，蛇堵在排水管裡。響尾蛇在這一帶很常見，我確定自己聽到那條蛇尾巴嘎嘎作響。蛇距離我只有不到幾公尺。

該怎麼辦？我沒辦法折返——往回爬的上坡太陡。我向傑瑞大叫：「有蛇！」傑瑞正從排水管上面那頭往裡探看。「好，」傑瑞回答，「待在原地，我立刻下去。」於是，傑瑞把自己擠進排水管裡，往下爬到我受困的地方，抓住我的手，開始用力把我往上拉，拉出排水管，回到安全之地。

爬出排水管出口，回到我們家所在的街角之後，我們決定或許不該再鑽進排水管了，應該改做別的事來玩。我們達成共識後，傑瑞又說：「對了，剛剛的蛇不是響尾蛇，只是草蛇。而且蛇可能已經死了，根本不會咬你。」聽他這麼說，我回嘴：「才不是，我確定那是貨真價實的響尾蛇！」雖然傑瑞救了我，但我不希望剛才陷入的危險困境被他說得輕描淡寫。我喜歡想像自己身陷最險惡的處境——就像泰山把某人救離鱷魚的時候。這讓生活有意思多了。

隨著年歲增長，這種危險的情形越來越少，傑瑞不再需要拯救我避免身體受傷。但是，我還是常常向他尋求道德上的支持和指引，在傑瑞之後的人生歲月，他也始終是我重要的楷模。

這點在我念完高中之後更是如此：高中畢業後，我追隨傑瑞進入耶穌會修院，也跟著他來到臺灣當傳教士。雖然我們最後擔任不同職務、在不同地點工作，但我們在臺灣生活的近半世紀以來，變得比以前更親密。這位守護天使的兄弟之愛無疑是我生命中極為珍貴的禮物。

27 山的另一頭

端午節隔天，一個炎熱又陰鬱的星期三午後，下午一點左右，我從竹東市區完成每週採買，回到清泉。通常去竹東購物都要花上一整天，但那天除了雜貨以外沒有什麼要買，所以我提早回到教堂。

我一進門，伊莉（Ili，漢名葉靜貞；幫我們管理民宿的女士）就告訴我，傑瑞的助理益峰打過電話來，說大哥出事了，要我立刻上臺北。雅威（我的彩繪玻璃工作夥伴）會陪我過去。

「出了什麼事？」我問。

「你就跟雅威去吧，」伊莉回答，「你到臺北就會知道了。」

這聽起來不太妙，所以我決定打電話給益峰。起初益峰的說法一模一樣：盡快來臺北；除此之外什麼也不解釋。我開始擔心起來。

「可以告訴我發生了什麼事嗎？」我央求他，「傑瑞過世了？還是生病了？」

接著是一段不自在的停頓。最後，益峰終於勉強告訴我：「傑瑞神父過世了。」一切聽起來已成定局。不是說哥哥生病、病危，或是有可能會死去。一切已成定局——他過世了。

「怎麼會？」我勉強問出口。

「他看起來像是在禱告中去世，今天早上他被發現倒在房裡，跌靠床邊，雙膝著地，」益峰回答，「他們說是心臟的問題。盡快趕過來，他們都在等你。」

「他們？」誰在等我——而且為什麼要等我？忽然，我意識到沒有我的同意，什麼也無法進行，因為我是傑瑞的弟弟，是他在臺灣唯一的親人。他們在等我決定接下來該做什麼。生命開始走上我不希望的道路，我被拉進自己害怕承擔的責任中。傑瑞和我都知道，總有一天我們其中一人會過世。這一天來臨時，就像我們在世時彼此照顧一樣，辭世時也要照顧對方。但這項任務是我們兩人都不願多想的。

我打電話給在聖地牙哥的弟弟格蘭。我會永遠記得他的回應：一聲漫長而悲切的

「喔……」。我為他難過不已。至少我就在附近，而且這些年來，傑瑞和我常常有機會見面。但弟弟的情況不一樣，他和傑瑞很少有機會相聚——雖然傑瑞計畫下個月結束加拿大的會議之後，就要去拜訪格蘭一家。格蘭已經開始打掃傑瑞到時候要住的房間。雖然這個消息讓我心碎，但我知道弟弟一定更難過。

雅威開車載我從清泉去竹北，我們再從竹北搭高鐵到臺北。這似乎是我人生中數一數二漫長的旅程。一路上，我不禁回想起傑瑞和我共度的時光，想起我剛到臺灣、在新竹學中文的日子。事實上，那時我第一個學會的中文單詞就是「哥哥」。傑瑞告訴我，只要我需要幫忙，就喊出這個詞。此刻，前往臺北的漫長旅途中，我好想喊出這個詞——不停的喊，一遍又一遍。

我記得大約四十年前的久遠時光，那時候哥哥剛開始在光啟社工作。那段日子，只要哥哥登上晚上的電視節目，我就會衝到我破破爛爛的電視機前收看他的演出——或是聽他的聲音念出肥皂品牌、家電產品。不過，哥哥登上電視的次數很快多到我幾乎無法全部收看。哥哥成了名人。

傑瑞就像流動的河水，被拉進為他人服務的生活——從在輔仁教哲學、在光啟社製作電視節目、到成為臺灣最出名的英文老師——觸及無數人的生命，不只限於臺灣，更觸及全世界。他製作出獲獎的紀錄片，也在無數亞洲國家舉辦媒體工作坊，總是把目光放在未來，看看在自己所剩的有限時間，還能為其他人多做什麼。世界就是他的教區，他努力把世界變得更好。他不是自己選擇要做什麼——他是被「選中」。

關於哥哥的回憶，我最喜歡的是更親密的片段：我去臺北找他，然後一起外出聚餐的時刻，通常吃我們最愛的墨西哥菜或泰國菜；我在他的媒體工作坊幫忙替修士上課，遠赴寮國、越南或中國；我在蘭嶼還有後來的清泉工作時，他來看我；我們一起回美國探望家人和親戚；當然，還有我向他尋求建議和友愛鼓勵的無數時刻。希望我帶給他的回憶也同樣美好。

雖然哥哥很有名氣，但我有種印象，覺得大部分人談不上認識他。很多人覺得傑瑞是外向、滿懷關愛的朋友，他確實是，但他的本性十分內斂深思。雖然他喜歡和大家相聚，但最喜歡的莫過於在遙遠的海邊獨自冥想，或是將自己置身於自然和野生動物之間。他從獨處的時刻獲取力量。

我想到哥哥特別熱愛樹，他記得樹的名字，尤其熟悉臺灣和東南亞的樹。他也深受大海吸引，在國外的會議或媒體工作坊結束之後，他一定會留一點時間，到當地的海邊游泳。他在七十歲時拿到潛水執照，之後幾年，在亞洲各國的海邊至少深潛了十七次。

很多人把傑瑞看成活潑開朗、鼓舞人心的電視人物。只有我和少數幾個人瞭解他做各種事情的背後，要承擔多少壓力、花多少精神準備。雖然傑瑞常常疲憊不堪，但他從不拒絕任何值得一做的事。除此之外，他不管做什麼都很出色。

到了晚年，光啟社的健全和存續成為傑瑞最擔心的事。他努力為光啟社提出願景，他覺得這樣可以讓光啟社為臺灣和世界做出更好的服務。不論努力成功與否，他總是不斷嘗試。傑瑞一生滿懷關愛的服務他人——透過媒體、透過音樂——而他還有這麼多想完成的事。

現在哥哥走了。事情發生得太突然，我甚至沒有機會向他道別⋯⋯

高鐵開往臺北的一路上，我不停在想這些事。雅威和我接著轉搭捷運，到站後看到益峰在出口等我們。他催我們快步穿過巷子，走到光啟社的後門，爬上四樓——傑瑞的房間所在。傑瑞房外大概有十個人在等我：神父、警察，還有殯儀館的人。我記不太清楚到底有誰在場，但是我一看到賴甘霖神父就上前擁抱他，感到平靜和安全。這位百歲高齡的耶穌會朋友總是陪伴我們度過生病和困頓的時刻——而現在，也要陪我們面對死亡。他陪我走進傑瑞的房間。

從身體姿勢看來，我可以想見哥哥一定走得非常突然，彷彿瞬間就倒下了。驗屍官已經確定死因跟心臟有關。房裡的其他神父和我說了簡短的禱詞。接著，我簽完要給警方的文件，然後殯儀館的人就把遺體搬走，運到殯儀館去。我們跟著過去，我在那裡又簽了更多文件，接著就回光啟社。

光啟社大門外聚集了一小群傑瑞的同事，大家神情哀戚。這對他們也是艱難的一天。他們試著擠出笑容，告訴我這個消息：隔天早上，光啟社本來計畫舉辦典禮，慶祝傑瑞新獲得臺灣公民身分。但現在，這個典禮也會是追思悼念會。他們猶豫的看著我，問我願不願意代替傑瑞幫他領臺灣身分證，然後在典禮上講幾句話。

其實我最希望的莫過於一個人靜一靜，好好哭一場。但我馬上想到傷心的不只是我而已，光啟社的大家還有傑瑞的眾多朋友也都很想念他。許多人震驚不已。我必須堅強起來，為他們說幾句安慰的話。因此，我說「好」，我很榮幸代表哥哥接受臺灣公民身分——三個月前我也獲得了相同的榮耀。但我不知道自己要說什麼——我甚至不知道自己能不能說出話來。

隔天早上，我和賴甘霖神父一起坐在光啟社的餐廳，等待樓下攝影棚的授證儀式暨追思會開始。我們談起傑瑞一個半月前剛剛動完的心臟手術。賴神父、益峰和我那時候陪哥哥一起去醫院；醫生在傑瑞心臟附近的動脈放入四個支架，我們則在外面焦急的等待手術結束。手術之前的幾個月，傑瑞一直因為心絞痛而不舒服，因此醫生知道出了毛病。但是，直到接受初步血管攝影之前，傑瑞都不知道自己的動脈狀況這麼差。

手術之前，醫生示意要賴神父（他也是訓練有素的醫生）和我到手術室旁邊的小房間，讓我們從小小的電腦螢幕上看血管攝影的結果。醫生說傑瑞的動脈嚴重鈣化，放支架進去有失敗的風險。他問我們希不希望繼續動手術。我回答說，我們應該問傑瑞，那時他還躺在手術檯上。

傑瑞聽到手術有風險時，他問醫生存活率有多高。醫生說失敗的機率很低，但後果非常嚴重。於是傑瑞請醫生繼續動手術。他說如果上主旨意如此，他準備好面對死亡，如果手術失敗，要我們轉告大家「我愛你們」。

手術似乎很成功，幾天後傑瑞出院了。他慢慢恢復活力，說感覺自己比之前好一段日子要好多了，他開始計畫下個月到內蒙古鄂爾多斯沙漠幫忙拍紀錄片。紀錄片主題是知名耶穌會會士、科學家、詩人——德日進神父（Teilhard de Chardin）——的一生。

打從傑瑞還是年輕哲學系學生的日子起——在他來臺灣以前——德日進神父就是傑瑞生命中啟發心靈的人物。他甚至以德日進神父當作哲學碩士論文題目。他和德日進神父之間有許多相似之處。德日進神父以古生物學家的身分，在中國生活、工作二十年，發現今日所謂的北京人。但是，影響傑瑞最深的，還是德日進神父哲學的樂觀精神——堅定相信他所做的一切好事、所承受的一切痛苦，都會讓世界變得更好。傑瑞當然也這麼相信。

傑瑞上次去中國的時候，我只從他那裡收到兩封電子郵件。兩封信是他在北京匆匆忙忙寫完的，他那時候正準備前往內蒙古，或是剛從內蒙古離開。信裡談到在鄂爾多斯沙漠的惡劣環境下，拍紀錄片是多麼嚴峻的挑戰。最後一封電子郵件是他回臺前一天寫的，信裡寫道：「啊！終於有個安靜的早上可以睡覺，好好休息！這趟旅行相當勞累，有時候要開很久的車，一路顛簸到遙遠的地方。不過我收穫很多，覺得自己對團隊也有點用處。向德日進神父致敬！」

那是我最後一次聽到傑瑞的消息。從中國回來不久，他就在自己的房裡過世了。後來，我收到一張哥哥的照片，是在他過世幾天前拍的，當時傑瑞正在鄂爾多斯沙漠的一棵樹前沉思，這裡也是德日進神父寫成〈世界祭臺上的彌撒〉（Mass on the World）一文的地方。這篇著名的禱詞開頭寫道：「身為祢的司祭，我會以整片大地作為祭臺，向祢獻上世界的一切勞動和苦難。」

這句話用來描述哥哥肯定也很貼切，他的愛既廣博又開放。傑瑞能夠完成最後這趟旅程，追隨德日進神父的腳步，真是深受眷顧——即使（也許吧）為此犧牲生命。一切都遵循上主的計畫。

那天早上，我和賴甘霖神父在光啟社的餐廳一面聊這些，一面等傑瑞的追思會暨授證儀式開始。我表示自己不太願意在典禮上開口致詞的時候，賴神父嚴厲的看著我，驚呼說：「但你一定要說點什麼！你代表傑瑞，你的大哥！只要告訴大家，傑瑞要動心臟手術之前跟你說了什麼話。」

於是我和賴甘霖神父一起下樓，到光啟社一樓的攝影棚。裡頭已經擠滿賓客和記者，攝影棚被布置成美麗的追思堂，到處都是傑瑞的照片和大事記。我強烈感受到哥哥在房裡的存在感。

在我獲頒傑瑞的國籍證書和臺灣身分證之後，我可以看到傑瑞的耶穌會弟兄、政府官員代表、朋友、同事等眾人都殷殷期盼的看著我。此刻，他們需要某些東西，可以在這段哀傷、猶疑不定的日子為他們指出一條道路，以資遵循。但這些東西不在我身上，只有哥哥才能說出他們需要聽到的話。

因此，我告訴大家一個半月前傑瑞動心臟手術時發生的事。然後，我用顫抖的聲音、盡量強忍淚水，向大家重複哥哥跟我說的話：萬一他死去了，他希望我告訴大家——「我愛你們！」

我很慶幸自己聽從了賴甘霖神父的建議，因為我那天早上所說的話，成為未來所有日子喜樂的主題，許多人從中汲取力量。

這些話語對我同樣深富意義。在哥哥和家裡好多人相繼過世之後，現在，我希望把目光放向未來而非過去，想像自己走完最後一程的時刻——加入我的祖先，到山的另一頭共享永恆的喜樂，在那裡愛將永遠長存。屆時會是多美妙的旅程！

後記

大哥傑瑞去世一年之後，我有一次夢到他。但那似乎不只是夢：我覺得他那天晚上真的來看我了。我和泰雅人一同生活、一同工作，他們非常看重夢。他們總是期待過世的親戚會在夢中向他們現身。因此，看到我摯愛的哥哥回來看看我，和我說幾句話，我沒有太過驚訝。

我在夢中看見好多人在大公園裡來回散步。這些人之中只有一個人注意到我，他站在我的正前方，臉上露出溫暖的笑容。他身穿好看的西裝，戴著眼鏡，皮膚閃著金色光澤。他伸出手來，握住我的手。我立刻認出這是大哥傑瑞。

我們一邊在公園散步，一邊聊了一會天，但是大部分的內容我都記不得了。我自覺不應該問他太多問題，因為關於山另一頭的生命，有些事我不該知道。重要的是他看起來非常開心，而且就跟以前一樣親切、友愛。

但是，我記得傑瑞跟我說的兩句奇妙的話，這裡我引用他的原話。他先說：「我一定在這裡看了超過一百部電影。」然後又說：「不確定我的導師（proctor）會作何感想。」

我哥哥的靈魂說這種話，聽起來很奇怪嗎？如果你跟我一樣熟悉他，就不會覺得奇怪。哥哥熱愛電影，最喜歡把剛看完的電影情節原原本本的告訴我——就連結局也不例外，我常常要拜託他別洩漏結局。因此這聽起來很合理：一旦到了天堂，有機會的話，他就會盡可能多看電影。

但是，傑瑞的第二句話讓我不解。首先，我不確定「導師」是什麼。那天早上從夢中醒來以後，我翻字典查這個字，查到的意思是某種導師或是監考的人。因此，我開始想像等我們離開此生到了來世之後，可能會有某種導師負責指引我們、監督我們，直到我們知道自己該做什麼。傑瑞謙遜但不失幽默，個性有點頑皮，他大概會跟導師開玩笑，說他偷偷做了多少壞事——包括盡量多看電影。

這個夢帶給我很大的安慰，夢裡揭示我們從此生到來世的連續性。我看到哥哥如往昔，他美好的個性完好無缺，聊天、說笑、說故事逗我開心。他一定也會去看看我們的親戚和特別的朋友——等他看夠更多電影之後。誰知道呢，也許那些電影和他塵世的生命有關——為了把所有事情融會貫通，他必須把電影看完。

現在，傑瑞過世已經超過一年了，我最想念哥哥的地方是他願意聽我傾訴，充滿理解力和包容心。除了哥哥之外，沒有其他人可以讓我像那樣談心。每次我看完電影、讀完書或想到什麼點子，最想分享的對象就是傑瑞。我想不到還有誰能像傑瑞那樣理解我。對傑瑞而言也一樣。他總是選擇第一個和我分享他的想法——談他讀的書或看的電影。

這次，他來到夢中和我分享。沒有長篇大論——只是微笑、握起我的手、說幾句話，讓我知道他很快樂、過得很好，我毋須擔心。如果來世就像那樣，如果我的爸媽、祖先也都在那裡，那麼聽起來真是個可以久待的好地方。

我一直對華人看待祖先的方式印象深刻：彷彿先我們一步而去的所有親戚都影響我們現在的生活，我們是祖先的果。因此，依照這樣的看法，我們必須善用祖先傳給我們的一切，盡可能發展成最好的人。我們的生命保留了祖先的珍寶。光宗耀祖，讓祖先為我們感到驕傲，這份責任落在我們身上，而且只有我們能承擔。

我鼓勵部落的人粉刷和修繕房子、在他們的土地種下蔬果花卉，我說這些的時候，心裡想到的是他們的祖先。如果我是祖先，我會希望子孫好好照顧我留給他們的房子，不要聽任房子失修倒塌。同樣的，我也會希望了孫好好照顧自己，不要浪費生命——為先一步而去的人帶來榮耀——這樣，等我們再次相見時，迎面而來的不會是斥責鄙棄，而會是微笑感激。

一九二〇年，阿公、阿嬤與兒女的合影，左邊數來第三位女孩就是我媽媽。

阿公、阿嬤與成年的兒女們，還有我和大哥傑瑞。母親坐在後排右邊第二位。

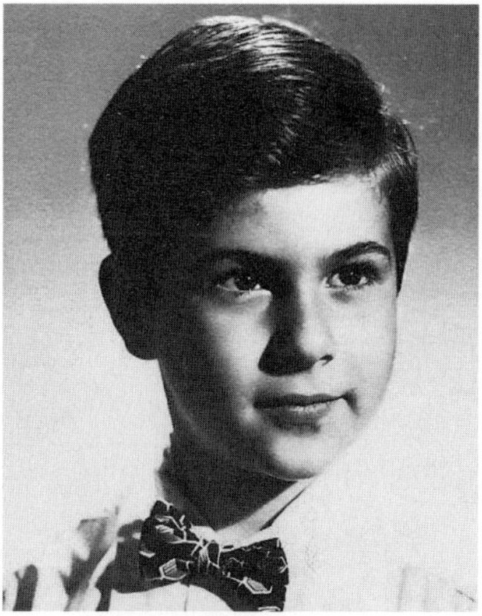

一九五〇年，我五歲時拍下的肖像。

媽媽、哥哥傑瑞、我還有爸爸，這張全家合照攝於一九四七年。

我、哥哥傑瑞、爸爸和我們的小狗幸運（Lucky）。爸爸下班回家的時刻，是我們一天最快樂的時光。

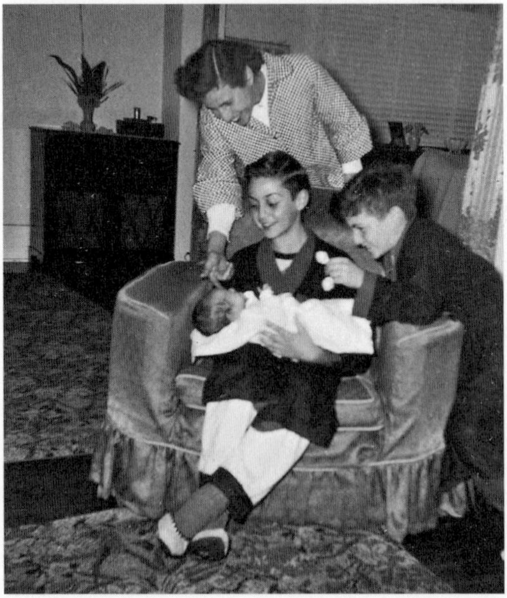

媽媽、傑瑞、我，還有小弟格蘭。爸爸過世後三個月，小弟誕生。媽媽用爸爸的名字為弟弟命名。

優雅溫柔的母親，她總是給我們兄弟三人很多的愛與支持。

在新竹學中文的第一年，我和哥哥傑瑞常一起表演，音樂讓我們更親密。

清泉天主堂，一九七六年起，我就在這裡擔任教區神父，一晃眼就超過四十年了。

小狗布朗尼（Brownie）是我在清泉的好夥伴。我們在未整修前的清泉老街合影。

天主堂內部，我擔任教區神父後就開始彩繪教堂，也製作了彩繪玻璃窗。

我們教會辦的清泉山莊，提供遊客住宿，下方籃球場牆壁上是我製作的馬賽克壁畫。

清泉部落附近的清泉瀑布。清泉和卜夏里的地名，都有流水的意思。（張維倫攝影提供）

隔著樹木遠眺清泉天主堂背面。

一九七九年，在清泉自彈自唱，音樂讓我跨越語言和文化的鴻溝，與人們更接近。

清泉的孩子演奏傳統泰雅樂器，全心沉浸在其中。

我和六年級的孩子分享點心。與孩子相處，令我生活充實。（Kloie Picot 攝）

在清泉桃山國小辦畫展，和王校長及六年級同學合影。（王慧瑛攝，《聯合報》授權提供）

我們將土石崩塌後的教堂邊坡修整，種上花草，一片綠意盎然，比從前更好看。

翻修前後的清泉老街，老舊的建築物亮了起來。我們努力籌足整修青年中心與老街的經費，過程中仰賴了許多天使的幫忙。

我們靠著義賣彩繪玻璃，募得資金。過程中有三位天使和我一起彩繪、製作，幫了大忙：裴速（左上，《明潮 M'INT》提供）、江田（右上）還有雅威（下）。圖中雅威正在示範如何切割玻璃，身後的彩繪玻璃作品是他繪製的達悟族拼板舟。

彩繪玻璃在富邦的藝廊展出，傑瑞在展場向堪布曲尼敦多仁波切問候。（黃可喻攝）

彩繪玻璃到臺北 一〇一展出時，我與作品合影。

我的彩繪玻璃作品：愛的小大使（上）以及愛之天使（下）。

我的彩繪玻璃作品：和平天使（上）以及靈感天使（下）。

我也為一位朋友的祈禱室製作大使彩繪玻璃窗。

傑瑞在寮國痲瘋病人社區的聖堂和孩子玩耍。

光啟社設置了紀念傑瑞的小聖堂，我為哥哥做紀念彌撒。

我與哥哥傑瑞在寮國的瀑布前合影。這座瀑布在寮國舊都鑾巴邦附近。

國家圖書館出版品預行編目資料

從彼山到此山 / 丁松青(Barry Martinson)著; 林紋沛譯. -- 初版. --
臺北市 : 大塊文化, 2018.12
280 面 ; 14.8*20 公分. --（mark ; 145）
譯自 : From Mountain to Mountain
ISBN 978-986-213-943-1（平裝）

1. 丁松青(Martinson, Barry) 2. 天主教傳記

249.933 107019858

LOCUS

LOCUS

LOCUS

L O C U S